字码头

『字码头』读库·辽宁舰

更多的光线来自黄昏

◎鲍尔吉·原野 著

大连出版社
DALIAN PUBLISHING HOUSE

鲍尔吉·原野

鲍尔吉·原野，蒙古族，中国作家协会会员，辽宁省作家协会副主席。出版散文集《原野文库》等著作六十部，作品收入沪教版、冀教版、鄂教版、蒙教版、人教版大、中、小学课本，读者遍及海内外。

目录

GENGDUO DE GUANGXIAN LAIZI HUANGHUN

第一辑　他们

这几年出差，回来爱跟跑步的朋友说见闻。

大地花朵川流

引　子

这几年出差，回来爱跟跑步的朋友说见闻。我一露面，这帮因流汗而皮肤发亮的跑步人就围过来，听我白话。一天，跑步人散了，树生从树后跑过来，羞涩地——他六十五岁了，还羞涩呢——说，给你拿点儿东西。我说啥东西？他不好意思。我把东西——一个早年的铝饭盒从他衣服里掏出来，打开，里边是酱焖小土豆。我问送这干啥，树生说，求你个事。

他说老父亲九十九岁，今年9月10日过百岁生日，让我出差捎回点儿当地的水。我说飞机不让带水，他说你把水快递回来，他老父亲过生日那天用各地的水浇一盆长寿花，吉利。他拿出一个防雨绸兜子，里面装着十多个白色的小塑料瓶，瓶口系着两米多的渔线，瓶底粘了一个螺丝帽。他说有线在河里取水就方便了。树生是车辆厂退休工人，办事真细致。我说妥了，你就等着祖国各地的水上你们家汇合吧，你们家就是水库。

万亩梨花

我见到好的地名比见到好的书名更羡慕，觉得人活在好地名里是一种幸福。神木、仙游、福鼎，这些地名多好。丰县也好，它是我今年出游的第一站。繁体字的丰字（豐）上头站满麦穗，下面有豆撑腰，看着就富足。人来丰县,咸称其丰。丰子恺如果活着,肯定一年来一回。当年有人问他姓哪个 fēng，他答丰收的丰，对方不解；丰子恺说汇丰银行的丰，人始悟。子恺辛辣，天下哪有比丰收更丰的事情呢?

在江苏省丰县，我看到最丰美的景物是万亩梨花。入 4 月，我老家的凹地还有积雪，而大沙河畔的梨花园已成花海。如此宽广的大地，竟被梨花开满。枝头似雪，树下却青草离离，蜜蜂在枝头缭绕。梨树怀抱大，枝条平伸，把花开到别的树上了。花瓣在枝上奔跑，金色花蕊是它们的接力棒。在梨花下行走，走走就泄气了，梨园太大，走到太阳西沉也走不出去梨花的天下。这个县宋楼镇的梨园有六百六十八棵百年梨树，最大的一棵梨树王胸径八十多厘米，每年挂果四千多斤，厉害吧？吉林省梨树县也未见有这么大的梨树，丰县有，丰字真没白叫。丰县耕地面积一百一十四万亩，其中果树面积五十多万亩，栽种红富士苹果二十八万亩，白酥梨十万亩，它是全国水果十强县。丰县的蔬菜种植面积达六十万亩，牛蒡、芦笋等的产区已成为江苏省出口创汇基地，这个县完成了由粮食大县到果蔬大县的转变，丰！

县城有护城河，开挖于战国时期。我拿树生的小瓶取水，这些小瓶特好用，瓶底有螺丝帽，嗖地入水，咕嘟咕嘟灌满了。我拎上瓶子，拧盖，心想，丰县把战国时期的护城河水献给了树生他爸。

陕南行

我南行的第二站是陕西省汉阴县。这里的凤堰梯田最好看。清晨，梯田从白雾中露出曲线，柔和秀美，大地犹如盛满黄金稻穗的盘盏。苍鹭穿过梯田上方，飞到汉江边上。淡蓝的炊烟从村庄孤直升起，大地一片晶莹。

凤堰梯田位于秦巴山脉的凤凰山上，临汉江，连片面积达一万二千多亩。据记载，梯田于清代同治年间由长沙移民吴氏家族创建，集山、水、田、屋、村于一体，梯田在河流交汇处渐次升高，引山涧水从上而下自流灌溉。山坡上梯田罗布，有的坡几十级梯田，有的坡上千级梯田。水漫过上一级梯田的石头围沿，浸润稻秧，流到更下一级梯田，一直流下去。

梯田用石头围沿抱着金黄的稻子，如怀抱子孙。在崇山峻岭围垦万亩梯田需要多少石头啊！想象不出这里的先民肩扛石头垒田的情景，不知垒了多少年，这里无异于梯田的长城。而这一切的辛劳，只为了修田。人不来此地，不知耕地珍贵。世间万物，最珍贵的莫过于粮食。粮食哪里是用钱衡量的物品？在这里，粮食是天地大美的结晶，谁浪费粮食，谁不是人。

我在梯田的围沿上行走，若从天空看，如走在玛雅彩石壁画上的一只蚂蚁。如果我会开飞机，会常常来凤堰梯田上空飞行，俯瞰这幅巨大的艺术品。说话间，几对苍鹭飞过梯田。好地方会有天使，这里的天使是高洁的苍鹭。它们展开灰色与黑色的翅膀，巡视如梦如幻的梯田。

在村里，见两个小孩做游戏。男孩用铲子垒泥修成梯田，灌水，拿青草插秧。女孩挎小筐，在小梯田的水里假装摸螺蛳。我看了感动，问男孩姓什么，男孩说姓吴。女孩也抢着说姓吴。我手摸吴氏子孙的小脑袋，心想他们都是长沙府吴氏的后人。在此地姓吴让人羡慕，他们祖先是建造梯田的农家圣贤，连我都想改姓三天吴。

洋县离汉阴县不远，同属陕南。早上我在乡间跑步，灰白的水泥路分开竹林稻田。这里左手秦岭，右手巴山，汉江自西而东分开大山的南麓北麓。我看了半天，分不清哪座山姓秦，哪座山姓巴。松柏杂木分开山峦的深浅层次，雄浑莽苍。

过桥时，桥下流水清澈，鹅卵石像包在玻璃里，水声似更清脆。我想起忘带瓶了，跑回去取瓶，此时见到一对雪白的朱鹮掠空而过，飞得不高。它们翅膀的白羽透过阳光微微橘红，颈羽如流苏般随风飘逸。虽是一瞬，我看到朱鹮的颜面比一坨印泥还红，它长而弯的喙尖上还有一点红。我觉得相当幸运，四外看看，就我一个人，看到了两只朱鹮，这比包场还阔绰。

20 世纪 60 年代，苏联境内最后一只朱鹮在哈桑湖灭绝。70 年代，朱鹮在朝鲜板门店消失。中国科学院刘荫增教授和他的团队走遍了大半个中国，于 1981 年 5 月在陕西省洋县姚家湾发现了当时世上仅存的两只野生朱鹮。三十年来，朱鹮数量已增加到两千多只，野外生存范围涉及二市七县，面积达六千平方公里。

朱鹮多数生活在洋县，这意味着洋县的老百姓种粮种菜不使用化肥农药，保证朱鹮食物的存活。大凡如朱鹮这么脆弱的鸟类可以生存的地方，均可命名为人间天堂，这里的水质、植被、气候和民风一定臻于优胜。朱鹮真正是好山好水的代言人。

跑完，我在稻田里取一瓶水。这水养的黄鳝、泥鳅是朱鹮的食物，浇花肯定好。

明月照白塘

我出行的第四站是徐州的睢宁县。因为不认识“睢”

字查了《辞海》，得知这个县出土的汉画像石《牛耕图》被中国历史博物馆收藏并印在门票上。1996 年，国家文化部命名睢宁县为“儿童画之乡”，一万五千多幅作品被送往七十多个国家和地区展出，获金奖二百二十三次。

睢宁让我钟情的是白塘河湿地公园。想不到历史上战乱频仍，而今人口众多的徐州大地有一处湿地公园。

人们常把湿地归于人烟稀少的沼泽地，仿佛建是建不出来的。白塘湿地公园却是建出来的湿地，占地约四平方公里，有水面一千多亩。这里有五处百亩林园——竹林园、柿林园、海棠园、山楂园、板栗园，还有梅花岛、桃花岛、樱花岛。登一座山即入一片林，幅员百亩。我看到无边的山楂树站满山坡，心想这片山全归山楂了，春的白花和秋的红果是这座山的骄傲。以往没见过的海棠山和柿林山，这回都见到了。不同的树的姿态比建筑物更美，它们高低俯仰，疏密错落，塑造别样的景观，树们四季呈现变化的美，比呆板的房子更灵慧。树在风里飒飒，包藏花果，它们是微笑沉默的高士。

登山望水。水边聚集的仙鹤，如同白石铺设的岸。水鸟起飞，影子被微澜摇碎，树影模糊。

睢宁的“睢”，指睢水。以往十年九涝，把老百姓害苦了。如今湿地形成自然生态系统，水系安宁，为徐州大地储备了一个清新吐纳的绿肺。在园区走，我发现游人大部分是农民，这让我很惊奇。人们太多时候看到农民在田边劳作，或在集市卖菜，仿佛那里才是他们站立的地方。在白塘湿地公园，质朴农人手抚柳枝向对岸伫望，拿手机与桃花合影，我觉得这才是国家图景。以往崔莺莺和张生观花赏月的风雅印记被我从脑中删除。国泰民安的宏愿从“民安”体现，此地可做见证。

夜游湿地，水面收纳了夜空白茫茫的光带，月亮愈发皎洁。走走看看，来到公园内的水月禅寺。这是一处方正简约的现代建筑，没有飞檐斗拱，体现大道至简的禅宗美学。清风徐来，水面澄净，树木亲密偎依，罗列至远方。我抛瓶取得白塘湿地之水。

金子奔跑

小时候，我在母亲的集邮册上看到三枚“世界文化名人”邮票，线描人物，古装，画的是屈原、关汉卿和汤显祖。我惊异，咱们这么大国家，世界文化名人才仨啊。后来向家属院小孩巡回展示这三位名人，丢了两枚，只剩汤显祖。

这一次来到浙江省的遂昌县，拜访了汤显祖纪念馆，馆内悬挂汤显祖画像，与邮票上一模一样，只觉得下方应有“中国人民邮政”才好。捎带我还回忆起家属院的向日葵和鸡冠花，它们高矮红黄，如对晤。

汤显祖是明代伟大的戏剧家，在遂昌出任五年县令，他笔下的“临川四梦”之《牡丹亭》就诞生于遂昌。《牡丹亭》的戏文高蹈绝美，我疑心与这里的山水关涉，悲剧与美如筋与肉，是长在一起的。

遂昌山水不小气，清秀蕴藏沉雄，或者说它在江南山水的架构里潜藏野性。千佛山，距县城三十公里，远看林木苍郁，走进去身旁悉为山泉，水流细小轻缓，徐徐出声。可以状写此地山泉的形容词太少，所谓“淙淙”“潺潺”均隔靴搔痒，水声比形容词更复杂与美妙，它不是一个音，而是复合的和声，如远又近，似轻还重。步行十余里，山泉始终迎送，或山瀑，或小潭，或山涧。我在潭里取水一瓶，坐石上闭目听水，听出水声之外还有鸟鸣，来自头顶。当辨识鸟语之单音节与多音节时，水声消失了。走上石阶，又闻水声。

遂昌有金矿。我们坐小火车进入矿里，参观了明代开采的矿洞。人在金矿的洞窟里行走，目光一定是贪婪的。我看同伴的眼神，非但不贪婪，反而迷惘，他们谁也没在石壁上见到金子。行家说，肉眼看不到矿石里的金子。我想也是，人眼能在石头里看见金子，世界更乱了。我觉得金子会在矿石里看到我们——一帮肉眼凡胎的人且走且望。金子也猜出了我们想念金子的心情，在岩石里笑。

过去听说，金子藏在贫瘠的土地下面。我老家好几处金矿的地表啥都不长，大自然补偿给它们一些金脉。

遂昌的金子会挑地方，长在青山绿水之间。这里的人说，金子的矿脉会在地底下奔跑，明明勘查到一处矿脉，过些天却没了。我在新疆和西伯利亚也听过这个传说，相信金子有这个能力，说走就走。要不怎么能叫金子呢?《牡丹亭》里曾有一折，说杜丽娘于花园里凭几而眠，梦中与柳梦梅相会，二人惊诧："是哪处曾相见?相看俨然。"这如同说外地来的金子们相见，都眼熟。

遂昌拥有许多国家级的称号——中国竹炭之乡、中国菊米之乡、全国旅游标准化示范县等等。这里"九山半水半分田"，若要过得好，他们一定会爱手中的一切。在爱的心田里面，一切都是财富，这在汤显祖笔下表现得刻骨铭心。山水赋予人的，是心机之外的大智慧。

吾爱孟夫子，风流天下闻

诵唐诗宜来襄阳，这里留下李白、杜甫、白居易等一大批著名诗人的足迹。《唐诗三百首》有二十七首涉及襄阳。读《三国》宜来襄阳，诸葛亮在这里十载躬耕，留下《隆中对》。学书法宜来襄阳，此地养育米芾，人称"米襄阳"。中国魅力城市的颁奖词说，这座城市"凭山之峻，据江之险，外揽山水之秀，内得人文之胜"。习家池、古隆中、米公祠等名胜古迹多达一千多处。

我来襄阳，没带唐诗，只带一双跑步鞋。襄阳有保存非常好的古城墙，在下面跑步十分高古。边跑边看城墙斑驳的砖石，包括箭镞的射痕，心生庄重。我不通晓历史，但我爱这里诞生的一位大诗人孟浩然。“吾爱孟夫子,风流天下闻。”李白这两句诗简直道出了我的心声。孟浩然诗歌冲淡、平缓、简易、深情，合到一起便造就大道风流。我年轻时一度拼命背孟浩然的诗，登老家的南山背诵。孟浩然爱写登高，于是我登高背诵。如今我在襄阳，一面是古城墙，另一面是护城河，边跑步边回忆孟浩然的诗，算是默默献给襄阳的小礼物。整首的诗已背不下来，仍记得一些句子。“相望试登高，心随雁飞灭。”每次登高，看飞鸟在视野消失，我都会想起这两句诗。那小鸟在飞行中翻翻身子就变成小黑点，倏尔，小黑点也没了，但心还沿着小鸟的轨迹寻找。“雪罢冰复开，春潭千丈绿”，写早春。“水落鱼梁浅，天寒梦泽深”，写襄阳。“我家襄水上，遥隔梦云端”，也是写襄阳。《全唐诗》收录孟浩然诗两百多首，其中三十首写襄阳。

跑了一小时，记起这些诗句，倍感倾心。李白毫不掩饰对孟浩然的景仰，称“高山安可仰，徒此揖清芬”。而李白写孟浩然最著名的一首，当属“故人西辞黄鹤楼，烟花三月下扬州”。

鹿门山是孟浩然隐居处，距襄阳城南十五公里。在唐代，鹿门山与孟浩然一样有名，或因孟而获名。李白、杜甫、白居易、王昌龄均赴鹿门山拜访过孟浩然。登山时，我又想起他的几句诗："人事有代谢，往来成古今。江山留胜迹，我辈复登临。"我辈是李杜等前辈登过此山几百年后又登此山的景仰者，是想从山水里看出孟浩然哪管一点点影子的人。山峦叠翠，古木杂生。我看到绝非唐朝的鸟在树梢掠过，觉得听到了与孟浩然所闻相似的流水和鸟的悦鸣。我辈在孟浩然走过的山上行走，见一处风景，便引颈远望，想象孟浩然也这么望过。摸摸泥土，摸摸树，唐朝在哪里啊？孟夫子去了何方？我羡慕鹿门山的小鸟和小虫，它们虽不背孟浩然诗，但生活在这座孟浩然隐居十七年之久的山上，不白为虫鸟。

近黄昏，我辈吃完农家土菜下山了。我留在最后面，感到惆怅。这是潜意识作祟，因为没见到孟浩然。鹿门山虽无鹿，但涤除了孟浩然心中的尘泥，让他如此清新。那首全球华人尽知的诗——"春眠不觉晓，处处闻啼鸟，夜来风雨声，花落知多少。"——最能透露他心里的澄明。孟浩然懂得如何让诗与时光相搏而不溃败，他懂得平淡即是恒久。

一个城市有一座名山就够了，如鹿门山；有一位名人就够了，如孟浩然。襄阳还有汉江，有三国遗迹，有昭明台，有宋玉，素称"南船北马，七省通衢"。这样的地方让人嫉妒。我带着从鹿门寺石井里取的水，悻悻下山。这里是取水的第六站。

望绿洲

人们说，在冰冷的塞上沙原，这里却流水叮咚，河里长着鲜绿的水芹菜。人们说，盛夏的沙漠酷热难当，这里竟下起牛毛细雨。人们说，这里乌鸦不来、青蛙不叫、沙土垒墙不倒。这就是国家级自然保护区——大青沟。

大青沟位于我的祖籍——内蒙古科左后旗境内。小时候回老家，所见皆为白茫茫的沙海。我和小孩摔跤，倒地后身上一点儿土都没有，我还乐呢，说这地方多好，没土。是的，我老家土地少，耕地更少。小时候不知“没土”有多么沉痛。我的堂兄堂姐衣衫褴褛，食不果腹，因为他们的脚下没有土，只有沙漠。那时候，堂兄堂姐的脸上满是渴望，我不知他们在渴望什么。长大后，我才知堂兄堂姐渴望土地、雨水和绿洲。8 月份，我回到老家——科左后旗的胡四台村。近暮，草原深绿，雾里钻出我堂兄朝克巴特尔的羊群，一只牧羊犬不必要地左右蹿跳，仿佛它为羊群操碎了心。堂兄黑如檀木，眼白和牙齿如刷了白漆。他每天早上三点出发，晚七点回来，变成了非洲人。他的羊群加上养的牛和种的玉米，每年的收入可达十几万元，日子安稳了。

我在胡四台住了几天，坐朝克巴特尔的私家车和他们一起游览了大青沟。

科左后旗的草场、庄稼和防护林长势都好，但进入大青沟别有洞天。植被茂密，古朴如史前时期的绿洲。风景区实为两条沟，一条长十一公里的大青沟，另一条长十公里，名小青沟，两沟宽三百多米，深五十多米，我们在沟里步行十公里，犹如走入西双版纳的亚热带植物保护库。大青沟有七百多种植物，分成水曲柳、蒙古栎、大果榆三个植物群落。藤缠古木，苔藓侵衣，野花如同摇摆着向远方行走。朝克巴特尔对审美没有诉求，他不断弯腰拣野果和野菜，嘴里说“稠李，欧李，山葡萄，猴头，蕨菜，金针……”，他的收获很快把提前准备好的布袋子装满了，琥珀似的黄眼睛充满笑意。我在小溪里取了最后一瓶水。

从沟里出来，登高远望，树的波涛从树梢翻滚而过，保护区面积达八千多公顷，打败了沙漠。朝克巴特尔说：“这里的黑蝴蝶有燕子那么大，飞起尾巴带两根飘带。”他这个说法在大青沟博物馆得到了验证，那是乌凤蝶。博物馆介绍，这里有梅花鹿、黑枕黄鹂等三十八种哺乳动物和鸟类，黑蝴蝶等一百三十八种昆虫，天麻等两百多种珍贵中草药。这些动植物的存在，对茫茫科尔沁沙漠来说是奇迹，但大自然无奇迹可言，所有现象均由相互依存的因果关系所决定。人觉得怪，是由于他们与大自然越来越疏远。

晚上，我们在大青沟观看一场篝火文艺表演。在火光中，旋转飞扬的蒙古袍惊醒了夜色，安代舞的红绸如火苗一样飘动。在咚咚的舞步中，似有一群精灵从地下跑过，它们是花朵、蝴蝶和树木的信使。

结 语

9月10日，我受邀去了树生的家，他老父亲身穿团花红衫陷入沙发，像弥勒佛一样笑。人老了，不拘男女都像老太太，树生他爸亦如此。树生把我寄来的七瓶水冻在冰箱，化冻汇在大白碗里。我端详透明的水，分不出它们的故乡来。树生搬来一盆长寿花，肉质叶子，四角形的小红花旋转着搭成了一个圆球，像在挤着看老寿星长什么样子。老父亲端碗把水倒进花盆里，树生说："这是祖国大地的水，浇灌长寿花，祝您越活越健康！"我说："浇了八省水，再活一百岁。"他爸耳聋，这句话却听到了，说："我再活一百岁，他们得累死。"树生和他媳妇笑着说："我们愿意！"

白桦树上的诗篇

穆格敦是我在图瓦认识的猎人，他自称是诗人。他灰胡子灰眼睛，说话时眼睛看着你的一切动作，好像你是随时可以飞出笼子的小鸟。

穆格敦会说十分流利的蒙古话，他说是小时候背诵蒙古史诗《江格尔》时学会的，用词文雅体面。

他住的房子是用粗大的松木横着垛成的，在中国东北，这种房子叫“木刻楞”。

他说：“你是作家，我是诗人。我们两个相会，像天上的星星走到一起握手一样让人感动。你会向我学到许多珍贵的学问。”

“是的。”我回答。

“唉！”他叹口气，“我要让你看一样东西，一首诗篇，它的题目叫《命运》。”

穆格敦从木床下面拎出一只桦树皮做的箱子，放在桌子上，刚要打开却停下来，走到窗边，指着远处一棵树说：“就是它。”

“它也是诗人吗？”我问。

“你的问话很愚蠢，但我原谅你。它是一棵树，这个桦树皮包里装着它的子孙的命运。”

那是一棵白桦树，独自长在高处，周围没有其他树，地上开着粉红色的诺门罕樱花。

“回头。”他说着，打开了箱子。箱子里装满了金黄的桦树叶，上面写着字。

“每片叶子上都写上了字，是我作的诗。”

我等他说下去。

“你为什么不问后来呢？”穆格敦说。

我问他：“你在桦树叶子上写满了诗，后来呢？”

“这些诗是用岩山羊的血写上去的，一百年也不会褪色。你知道我写这些诗多不容易！”

“创作是艰难的。”

“不对，我越看你越不像个作家。创作很容易，创作诗最容易，比吃蔓越橘果实还容易。”

“后来呢？”我问。

“那时候，这些叶子还长在树上。我不能为了方便我写诗就让它们掉下来。我搬了梯子，在每一片叶子上写满了诗句，我的腿站肿了，胳膊比酸浆果还要酸。”

我仿佛看到金黄的桦树叶在枝头飞舞的场景。我问：“你为什么这样做？”

穆格敦很高兴我这样问他，说古代的诗人都这样。他左手握一把干枯的树叶，右手拿出一片，念：“德行就是你把喝进嘴里的酒运到身体里的各个地方。”

他抬眼看我。“好诗。”我说。

他念：

“羚羊的气味在岩石上留下花纹。”

“野果因为前生的事情而脸红。”

“人心里的诚实，好像海中的盐。”

“都是好诗。”我说。

他瞟了我一眼：“叶子背面还有字呢。这个——‘下雪前一日，在三棵榆树的脚下，离家一公里。’这个——‘已经穿皮袄了，独贵龙山顶的石缝里。’”

原来，穆格敦在白桦树的每片叶子上写诗并做了记号，秋天至，风把这些叶子吹走后，他走遍大地一一找回来。他在找回来的树叶的背面再写上地点和天气。

我不得不说他是一个真正的诗人。

“你为树叶找回它们的孩子，找回来后，用树叶在树干上蹭一蹭，它就知道它回家了。”

“在霜降的大地上，你眼睛盯着草地，当你发现一片有字的桦树叶时，就知道那是我写的诗，是我要找的叶子。”

“有一片叶子飘进了水里，我游过去，10月份，水已经很凉了。但它不是我找的树叶，是楸树的树叶，但我也把它带上了岸。”

“最远的地方离这棵树有五公里，我不知道树叶带着我写的诗怎么会走了这么远的路。”

“可能有一些树叶被鹿吃掉了，有一些埋在雪里已经腐烂，我还在找它们。”

“你题诗的叶子一共多少片？”我问。

“九百八十九片，我找到了二百六十一片。”穆格敦笑着说，“如果我在死亡之前能找到七百片树叶，已经很不错了。”

胡四台的道路泥土芳香

今年夏天，我外甥阿如汗买了车，要带我父母回老家游历。阿如汗对我爸说出这个计划，准备接受姥爷的盛大表扬，我爸没言语，看窗外的柳树。第二天和第三天，阿如汗向我爸热烈地重复这个计划，我爸沉默着，在屋里走走站站，想事。

我知道，我爸的返乡之旅在心里已经启程。

我老家在通辽市科左后旗朝鲁吐镇胡四台村，我爸十七岁当兵离开那里，之后的思念就从未停歇。他认为人的良知就在于爱故乡。春天到了，他在窗前注视良久，说："我老家的柳树也是这么绿的。"原来，他看柳树是回忆老家。人老之后得到许多特权，之一是说话不需要倾听对象和前后铺垫。下雪天，我爸盘腿坐床上，手拿报纸笑了，说："兔子倒霉了，傻半鸡也完蛋了。"

我妈问兔子怎么了。我爸兴高采烈地讲述他在老家雪天抓兔子和傻半鸡的故事。我妈不满："你看《参考消息》说兔子倒霉，我以为国际出事了呢！"

我在房间艾灸，我爸从外边进来问："这是什么味？

跟我老家的艾蒿味一样，好像到了夏天。”我爸在屋里转来转去。我妈问：“干啥呢？”我爸说：“闻这个味呢。”说着，坐沙发上晃着身子唱起歌来。我爸在家唱歌是太平常的事情，无人惊奇。他唱《达古拉》《诺恩吉雅》《万丽花》，歌名是蒙古族姑娘的名字，是爱情歌曲。科尔沁人世世代代唱这些歌，不为搞对象，在唱故乡。

科左后旗离赤峰不远，坐火车要换大客，不方便。自驾游就方便了，只有四小时车程。我对阿如汗的计划给予充分肯定，夸到他脸上乐开花。之后帮我妈准备回老家的礼物，红茶呀，酒呀，等等，并给予阿如汗必要的经费保障。

这是今年 8 月 10 日左右的事情。我本想从赤峰跟他们一起回胡四台，但有事去了南方。8 月 16 日，我在深圳接到电话，被邀去通辽参加一个会。我的事刚好办完了，飞通辽。飞机在通辽机场降落后，我的内心地图跟我爸一样展开在胡四台的沙漠、晒蔫的杨树叶子和白岩石一样露出草地的羊群上。我心头也冒出蒙古歌的旋律——《金珠尔玛》《云良》《维胡隋玲》，这些由蒙古族女人名字命名的歌曲把人带进一条亲情隧道，歌声委婉、摇曳、悲伤，像火堆背后的夜空挂满了祖先的脸庞，静默的蒙古面孔排列到远方。

通辽的会是蒙古族文学改稿班，作者是来自内蒙古、新疆和青海等地的蒙古族作家。18 日上午，我们去大青沟景区采风，进入科左后旗境内。我爸我妈这天早上从赤峰出发，我觉得他们到了，离这儿不远。我想直奔胡四台，但会没散，不好意思请假。中午吃饭，几位当地干部作陪。坐在我身边的一位五十多岁，浓眉大眼，他落座问我："家哪的？"

我说："就在科左后旗。"

"哪个镇？"

"朝鲁吐。"

"哪个村？"

"胡四台东村。"

"家里还有啥人？"

我说出堂兄和嫂子的名字。

他侧身端详我，露出笑容，说："你长得太像你哥了。我叫布仁吉日格勒，在朝鲁吐镇当过镇委书记，现在是旗民族宗教局长。你想回家看看不？"

我说："想啊，刚才还想呢。"

他问："啥时候去？"

我说："吃完饭就去呗。"

他哈哈大笑，说："一会儿坐我车走。我认识你哥，把你送到家门口。"

上了车，我感到幸运，世上真有这么巧的事。如果我座位不挨着布仁吉日格勒，就没这好事。他简直是上帝派来送我还乡的人，我几乎想问他：上帝好吗？上帝最近在忙啥？车窗外，白茫茫的沙带和灰绿的治沙植物如大地衣衫的条纹，和我老家的风景一样。

要到家了。我爸这会儿应该坐在堂兄家里说话呢。我想象他正用手掌抹去长着老年斑的脸上的热泪。他流泪的时候拉直嘴角，使劲吞咽流进嗓子里的泪水，眼球血红。他回忆我曾祖母努恩吉亚、我爷爷彭申苏瓦、我大伯布和德力格尔的时候常常如此。沙梁上洁白的、晒得滚烫的沙子招呼他回到童年，羊粪、酸奶和玉米糙子粥混合的气味就是天堂的味道。“我老家呀，没比的，太美了！”这句话我爸说了几十年，至少我听他说了五十多年。他说胡四台的道路都有奶香。在老家，我爸看见白马，会想起他的战马——沙日拉咩绕（蒙古语：带点儿杂花的白马）——和他一起参加过开国大典阅兵式，他身在内蒙古骑兵二师白马团。故乡的马从草地抬起头，缓缓转过头，鬃发遮挡的眼睛温和明亮，我爸会抱住马脖子，他最熟悉马的汗味。

公路边的房子在我看来一模一样。汽车嗖嗖开着，也不知往哪儿开呢。我堂兄是普通牧民，司机知道他家在哪儿吗？我正想着，车拐进一个院子停下。我爸、我妈和我姐他们正从阿如汗的白车上下来，被晒得黝黑的人们围着，有我哥、我姐和一帮满地乱跑的孩崽子。当我出现在他们的视线里，全体人的话语和动作都冻结了，表情凝固。半转身和手里拿东西的人静止在刚才的动作里。我爸正往头上戴草编礼帽，穿红跨栏背心的堂兄朝克巴特尔大张着嘴，堂姐阿拉它举起双手摸着脸颊。我不知咋办，眼泪先于话语落在沙土地上。朝克巴特尔第一个醒悟，大喊："原野！"他紧紧抱住我，堂嫂和堂姐从两边抓住我的胳膊。我爸我妈复活表情，顿时喜笑颜开，说："哎呀，你从哪儿来的？咋回事啊？"我的到来如同精心炒作，我姐塔娜笑得前仰后合。她觉得太滑稽了，我突兀而来抱着朝克巴特尔哭，堂兄把眼泪抹进雪白的鬓发里。"你俩像周星驰电影里的人。"塔娜说。哥嫂越发对我刮目相看，嫂子灯笼假装捏捏我胳膊，看我是人还是神。

原来，我外甥开车迷路，晚到了，他们刚刚进院。冥冥中这一番安排让我们肃然起敬。我爸说："这不是一般的巧合啊。"说话进屋，上炕喝茶吃奶豆腐。我忽然想起把布仁局长给忘了，同行的还有朝鲁吐镇的书记和镇长，他们给堂兄带来了礼物。我把他们请上桌，一起喝茶。牧区干部朴实，没挑礼。

我爸回家了，他今年八十六岁，离乡将近七十年，中间回来多次。他眼前是公路、釉面砖的房屋和农用车，黑绿的玉米叶子在风中翻卷，远处有一溜树林的梢头。我说这和你小时候不一样了，我爸说一样。我不知道什么一样。我爸沉默了，他不再激烈地讲述往昔。他老了，他手扶窗台长久地向外看——这是老年人瞭望世界的独有姿态。窗外有阳光下晃眼的沙漠和停在天边飞不动的云。七十年前，他从这里投身军旅，这辈子历经劫难，九死一生，支撑他活下来的能量来自民族和故乡。三十年前，我爸创立了一个民间非营利机构——昭乌达译书社，集合同道收集整理十二卷、几百万字的蒙古文学典籍译成汉文出版，是历史首创，他本人获得内蒙古文学艺术突出贡献奖金质奖章。对我爸而言，文化不是一个民族的花边，而是它的筋骨血肉，是土地和呐喊，是奔流的大河与马的目光。我爸觉得蒙古族所有的诗歌、赞颂词、音乐与史诗都在描绘他那个小小的胡四台村，“没比的，太美了！”这个地方恒久如一，永远都“一样”。堂兄为我爸请来一位谈伴，是他岳父也是我爸小时候的朋友猫儒，他和我爸同岁。那几天，他俩头朝里躺在炕上唠嗑，面颊枕着自己手掌，唠到吃饭坐起来，然后又躺下唠。猫儒耳聋，我奇怪他怎么能听到我爸的声音呢？

傍晚，我们看草原上的落日，看朝克巴特尔赶着羊群回家，看天上星星亮如敷了一层薄冰。中午高温的胡四台，入夜凉意深重。我们回屋，听到我爸和猫儒在黑暗里谈话，声音像蝴蝶在夜里扇动翅膀寻找落脚的灌木。他们说马有多少种颜色和名称，说野浆果的滋味，说庙会。我爸说攻打长春时候士兵的尸体垛成了工事，猫儒说苏联人在通辽把鼠疫患者装进麻袋里拉走。他们不开灯，小声说话，好像怕历史重演。过一会儿，我爸唱起歌——估计他们说到了一首歌，猫儒跟着唱，但他音不准，抢拍。我不知道，此刻世界上哪个地方还有两位八十六岁的老人躺在枕头上轻声唱故乡的歌曲，唱《小黄马》《嘎达梅林》，像他们小时候在河边唱过的一样。

我爸想出去走走但走不动了。他在院子里散步，用手指肚摸摸桃形的豆角叶子，摸摸开裂的马鞍的鞍桥，进屋，用胳膊支着窗台远眺。阿如汗诧异，无比健谈的姥爷咋不说话了？他不懂，他老了就懂了——人的语言在心爱的事物面前会谦卑地收拢翅膀。我爸心里有一幅胡四台的画，他画了八十多年还在画，添加他想象中的野花和飞鸟，加上一群长得稀奇古怪的他的重孙子辈的孩子们的面孔，还有马……他要一直画下去。

黑天使在他唇上安眠

敖鲁古雅乡鄂温克族居民的定居点由公家建造，村民免费入住。这些尖顶房子由粗拙的木料盖成，既简约又洋气。在这里，你说自己来到了北欧也不算胡思乱想。6月，长着小圆叶子的山杨树环绕着黑色调的民居和博物馆，像一群穿浅绿裙子的小孩围着棕熊跳舞。冬天这里会更好看，四五个月不化的白雪簇拥着这些笨拙的房子过冬，天空天天蓝。

我去一家访问，主人姓涂。他家的厅堂里面的瓷砖、电视洗衣机与城里无异，但都不是男主人用猎枪上山打来的，是政府发放的。老涂客厅供着一盏灯，摆放水果香烛。我对灯盏躬身施礼，身后传来一声大喝："好！"

回头看，一位五十岁或九十岁的男人从长沙发上爬起来，身上挂着好几件衣服，这些衣服刚才他当单子盖在身上睡觉。面对鄂温克、鄂伦春、达斡尔山民，我看不准他们多大年龄，他们跟大自然一起生活，像树一样老，就像我看不出树的年龄。

"我爸。"老涂指老汉。

他爸牙床瘪了，皱纹像沟壑通向嘴角，如果雨水落在他脸上，会顺利流进他嘴里。他的眼睛与这些皱纹不相干，天真纯净，有棕色瞳孔。“以后你遇到的好处，比如有漂亮姑娘吻你，或者你吃的香瓜比别人的甜，都是因为你刚才祭拜了雷击火。”

“谢谢。”我欣慰地说，心想有最甜的香瓜排到天边等我。

同行的人立刻对灯盏点头，点了十几次。我说：“够了，香瓜太多，你吃不了。”

涂爸爸说：“以后，你还会有珊瑚戒指戴。”

“谁呀？”同行者问。

“不是你，是他。”涂爸爸指我。我不能太贪财，说：“我有香瓜就够了，戒指给他。”

涂爸爸说：“这个火是雷击火，我从森林里取来的。”

喔，天火。我向火再施礼，同行者连施六个。“您取雷火做什么呢？”我问涂爸爸。

老汉非常惊讶，他走过来看我（涂爸爸身材不高，患有膝关节炎）。他看我的面孔，看一会儿，又把脸横过来看，他的鼻子跟我鼻子成十字形交叉。

“你连这个都不知道吗？”他问。

我摇头。

同行人乐了，说：“香瓜没了。”

“你的父母和老师没告诉你吗？”

我摇头。

同行人说："吻没了。"

"唉，"涂爸爸叹一口气，"世界上尽是像你这样的可怜人。唉，我们靠什么生活？火。火用来煮肉、烧茶、取暖。但这只是火的一万个作用中的一个作用。火让人心里是亮的，男人把火种送进女人肚子里，女人把火种放在孩子血里。人活着，身上是热的，他爸给他的一点点火种始终在燃烧，他死之前再传给他的孩子。这个火种藏在人的肚脐里。跟你们说这个就像对蚂蚁唱歌一样，你们听不懂。"

我们恭敬点头，表示真没听懂。

"这是平凡的火和人身上的火，"涂爸爸说，"比不上我这个火。"他闭目念诵一段祷文，睁眼说："前年6月14日夜里，山上打雷，咔咔咔，天雷接地雷，火蛇一根一根钻进林子里。多好啊，我穿靴子往山里走，孩子们不让去但拦不住我。林子里漆黑啊，那雨哗哗地抢着往山下流，坑啊凹啊都看不清了。我穿皮衫上山的，你看，我把油灯浸好柴油，放在桦木扁盒里，用绳挂在脖子上，正好让皮衫大襟护着。我找雷击火来了。"

涂爸爸从桦皮烟盒取一撮含烟放在下唇的齿根处。鄂温克人爱森林由此可见一斑——嗜烟人不使用明火，他们把烟草、炭灰和红糖搅拌在一起，放在嘴里含食。

"我盼着落地雷打下来，最好落在我身边。它会烧焦一棵树，但烧不了整个林子，有雨嘛。被雷烧焦的树都是被天神选中的树，“唰——”一股火贯穿树干，它成了白珊瑚树。但闪电在远方入地，它怕落到我身边吓到我。这怎么会？我掰断过狼的腿，怎么会怕闪电呢？”

这时候一只滚瓜溜圆的大黄狗跑进屋，钻进床下，躺在冰凉带蓝花纹的地砖上，又有一只稍小的黑狗钻进床下，一只更小的花斑狗跟着钻进床下。三条尾巴在地上拍，但节奏不齐。

“我不怕闪电，喜欢的正是它。”涂爸爸站起身，指着屋顶说，“咔嚓——我眼前一道白光。我想我可能晕过去了。等我醒过来，我躺在地上，雨水流进我的眼睛和嘴里。我上这儿来干什么？是谁把我抬到了这里？可能是孟广才把我灌醉抬到了山上。当我把手伸进怀里摸到了油壶时，嘿嘿，我是上山取天火来了。这时候看到，我眼前一棵兴安落叶松烧焦了，被雷劈到，全株都变成了炭。我爬过去摸这棵树，摸到一个地方烫手，我扒开树皮，见到了暗红的炭火。我用它点燃了我的油灯。油灯的火苗半红半黄，像个婴儿眨着眼睛，我把它揣在皮衫里面，这就是我的孩子。”

“汪汪！”三只狗中的一只在床下大叫。涂爸爸用鄂温克语训斥它一通。

“我带着火苗下山了，这是天火。谁家里有过天火？方圆一百里也没听说过，它正在我的手里。我高兴呢，大雨还是哗哗下，脑袋撞到树上也不知道，漆黑一团嘛。雷声闪电东一下西一下地弄着呢。正走着，一下掉进一个坑里，直着下去的，站在坑里，坑有腰那么深。我听到呦呦的声音，声很小，你们肯定听不到，因为打雷。我弯下腰摸地上，一张皮子，又软又热乎，不是狐狸，也不是熊，我往它耳朵上摸，是驯鹿。一只小驯鹿掉进了坑里。我再往它腿上摸——我猜得一点儿也不错——它的腿被夹子打伤了，这都是外地人干的缺德事。我明白了老天爷为什么让我上山取雷击火，是为了让我救这只小驯鹿。它腿受伤了，跳不出这个坑，大雨下一宿就会把坑淹没，它也淹死了。我把鹿抱上来，用皮衫蒙着脑袋，一手夹着小驯鹿，一手端着油灯，跌跌撞撞回到了家。路上只摔过一跤，差点儿跟油灯贴脸，火苗把我嘴唇烧了一个大泡，总觉着有一片羽毛贴在我嘴唇上。这就是雷击火的来历，驯鹿你们看不到了，它们在山上。”涂爸爸说完躺在床上，盖上好几件衣服，他闭上眼睛，嘴唇有一块白斑。我想起查尔斯·赖特在《南方河流日记》里的几句诗：

> 石头闭上眼睛，鸽子在青冈树上呻吟，那黑天使总是在他唇上安眠。

说的正是他。

湖水漂着红苹果

古丽仙四十多岁，瓜子脸，端庄秀丽，神情里饱含着维吾尔女人的羞涩和热情。把羞涩和热情放一起形容一个人好像不妥帖，但你看到古丽仙的眼睛就了解了这句话的含义。她专注地观察每一个人，眼里流露出友善与好奇。更多时候，她好像在心里编织词语，准备把欢迎客人的心意表达出来。

桌上的几位客人唱了几首歌，是各地的民歌，气氛到达一个温暖的色阶上。古丽仙大大方方地站起来，说："我给大家唱一个爱情歌曲吧。"脸上又浮出羞涩。

她唱：

苹果丢到湖水里啊，熟透的苹果漂上来。
爱情的火焰向上燃烧，一直烧在我心怀。

大家鼓掌，因为爱情，也因为古丽仙是喀什市的副市长，一位漂亮的、大方的、羞涩的官员。如今找一位尚且羞涩的官员不太容易了。

古丽仙唱完歌，简短地说了几句话：“我们喀什噶尔，是丝绸之路的经过地，是十二木卡姆的故乡。在喀什，从天山下来的雪水浇灌着春小麦和白杨树。沙枣花开的时候，满城全是香的。维吾尔族是聪明、友善和载歌载舞的民族，这一切都是因为爱情。”

没错，爱情让雪水千里迢迢寻找白杨树，让一个民族友善聪明。

在莎车县，我们进入一位维吾尔农民的院子。门外陆陆续续进来几位身穿长袍、头戴黑绿花帽、手拿乐器的艺人。手鼓一响，都塔尔、热瓦甫弹起来，这是十二木卡姆的音乐。这几位乐手简直像坐在烧红的烙铁上，他们闭着眼睛，狂热地演奏与歌唱。他们全都变了模样，脸上有火燃烧。音乐能让人发生这么大的变化吗？他们是这个村的农民，突然从落着巴旦木花瓣的泥土上跨入天堂。已经不能叫他们农民，他们是坐在天庭碧绿石阶上演唱的音乐家。艺人们的额头血管隆起，脖颈通红。显然，他们身体里换了一种名为十二木卡姆的新血，血的主要成分是爱情。一位维吾尔老汉迟钝地跳起舞。他有八十岁了吧，花白的胡子从下巴向上翘起来，眼里深邃中含着笑意。他邀请维吾尔女作家帕蒂古丽与他共舞，两人跳起来，衣袂翩翩，老汉一往情深地望着帕蒂古丽。她事后对我说：“在这样的目光注视下，我的脸都发烧了。”

我一直注视这位维吾尔老汉的眼睛和他的舞，他的眼里飞逸着热辣辣的爱情，虽然腿和肩关节有些僵硬了，可是爱情一定要跟关节和年龄有关系吗？可以有也可以没有。没人阻挡爱情的火苗从八十岁的人的胸膛向上烧起来。老汉的眼睛纯真，这是许多人在二十多岁有过一阵就跑掉的纯真，还在他八十多岁的眼睛里闪耀。这位老汉的爱情之火可能没熄灭过，如长明灯一直燃烧。尽管他起舞的双手是握坎土曼的手，他的长袍已经破旧。

田野上，大片的巴旦木树叶露出新绿，花瓣撒落在树下深绿的春小麦里面，落在金黄的油菜花里。我低头看油菜花里的巴旦木花瓣时，耳边传来雷鸣——如果蜜蜂的嗡嗡也可称为雷鸣的话。弯腰看，油菜花地不知有多少蜜蜂在忙碌，比喀什人口多得多，我的耳畔不胜其鸣。这时，我想起古丽仙的话——这一切是因为爱情。

入夜的喀什街头，矫健的维吾尔小伙子和包头巾的维吾尔姑娘在喀什街头大步行走，脸上飘过甜蜜。他们的心情与蜜蜂在油菜花地里的心情一模一样。我住在铁匠街，看到从上面一条街涌来人流，一群维吾尔男人穿着西服和发亮的黑皮鞋，脸上喜气洋洋。我以为是做礼拜的人。一位中学生告诉我，他们来参加婚礼。接着，街上出现来参加婚礼的维吾尔女人，衣装庄重。喜庆的气氛灌满了铁匠街，铁匠们停下工作，朝他们张望。

我参观莎车县一座敬老院，这是上海援建的县福利中心的一部分，福利中心还包括孤儿院和特殊教育学校。它的楼房、绿地以及内部设施，放在沿海城市也是一流水准。在敬老院里，我看到了最老的一位老人，背驼得厉害。我问，他是这里年纪最大的老人吗？工作人员回答：是的，他上个月才结婚。

我惊讶了，请他和他的妻子坐在一起，为他们照一张相。在镜头里，这两位维吾尔老人安详宁静。妻子七十六岁，坐着输液。丈夫八十二岁，他眼里分明透出享受爱情的喜悦。不知为什么，我突然流下眼泪，为见到八十多岁人的眼里还充满爱意而流泪。一个人能活到八十岁已经不易，而八十岁之人的眼里葆有纯真的爱情近乎奇迹，这比获得诺贝尔奖还要难。在这样的爱和这样的眼神面前，什么钱、什么阴谋诡计全都不值一提。

我到新疆来，是看新疆的大地，并非寻找爱情，但我处处遇到了爱情。古丽仙说的爱情，包含了大自然的和谐和各民族的相互交往与尊重，这些爱像红红的苹果在清澈的湖水里漂着。苹果藏了一肚子的甜蜜，这些甜蜜从苹果的肚子转入了我的肚子，让我见证到爱情——雪水与白杨树、巴旦木花与油菜花，还有人与人相爱。这里还有数不清的我们没见到的爱情的花与果。我觉得我也快变成了演唱十二木卡姆的艺人，疯狂地歌唱，如蜜蜂一样雷鸣。这一切都因为爱情。

泪水庆幸自己是水

在牧区，牧民杰日嘎拉向我讲述他的生活。

春天，从 2 月到 4 月，雪一直在下，这在牧区被称为“白灾”。大雪覆盖草原，牲畜吃不到返青的鲜草，而过冬的干草已经吃光了。道路被雪封闭，没办法运进来草料，牲畜一头接一头死去。牧民在春天遭受到这样的打击，生计没着落了。比这更大的打击是春羔冻死了——母羊在春天产羔，这是牧民的主要生活来源——极寒天气让羊羔没法存活，羔皮二十元一张都没人买。牧民赔进去所有的牲畜，家产光了。说到这里，杰日嘎拉转过身擦眼泪。他起身到柜子下面拎出半瓶白酒，倒进一个小酒盅，用手指抹脸上的泪珠，弹进酒盅里。酒里掺进了杰日嘎拉的泪水，他端着喝下去。

我没敢问这是什么仪式，但我很震惊。酒掺进泪，仿佛可以治疗什么病，又像记录什么事情。杰日嘎拉喝进了泪酒，泪水更多了，流淌在面颊。他用手捂着脸，泪水从他指缝流在手背上。我看到这些泪茫然流淌，仿佛它们应该流进杰日嘎拉的肚子里。

我没想到泪水还有这样的用处。每天，不知有多少人在流泪，为各种缘由。如果把泪抹在青草上，它会长出悲伤的叶子吗？我想象，把泪抹在红山茶的花蕾上，花绽放也许变成白色，它承担不了热烈。谁说悲伤不是力量，这种力量咬啮人心的根、草木的根。因此，悲是伤，跟刀伤枪伤一样。即使坚贞如松柏，假如有人天天把泪水抹在树上，松柏也会凋落。人心足以摧毁万物。

我要把我的泪水滴在一株玉米下。玉米夏天秀穗，它身上白金与紫色的玉米穗里暗藏着泪的盐分，里面有忧伤。我可能忘记了这些忧伤，但玉米忘不了，和忧伤一起成长。玉米穗把泪的成分传输给玉米粒。那些小小的玉米胚胎只有瓜子那么大，它的沙子般的米粒已遇到了这些泪并收藏了这些泪，泪水和玉米一起生长。当玉米粒长大的时候，泪的结晶在缩小，然后，泪晶随玉米一起晒太阳，一起听大雨喧哗，一起听蛙鸣并听玉米叶子讲述星空的故事，这足以洗刷忧伤。秋天，高粱红了然后没了，它们被农人收割运到村里。玉米棒等待听到咔嚓，那是它从母体被掰下来的声音，这声音的含义是成熟。玉米里的泪和玉米一起坐拖拉机、坐马车进村，挂在农人的屋檐下，堆在场院，最后脱成粒进入加工厂，成为玉米粉。谁也不知，玉米粉里偷藏一滴泪。这些玉米粉制成酒精，制成做药的淀粉或烙成玉米饼，谁都尝不出泪的滋味，但里面确实有泪的成分。

这只是世间的秘密之一。泪也罢，玉米也罢，无时不走在轮回的路上。它时时刻刻在变成别样的东西，体会别样的际遇。它仿佛没了，其实并没消失，只是变成他物，变得你认不出来。正如我吃一口玉米饼或吃一片药，想不到这里面曾有我或别人的泪。

而泪不过是水。人喝了大地的水，进入血液的叫作血。血从自己的液体里分出一点点放入泪囊，让人流泪的时候有东西流淌。血知道人会流泪，他们有欲望，必然有悲伤。泪水多多少少能够清洗悲伤，西方医学说泪水正在排出毒素。流泪并不为人类所专擅。牛走向屠宰厂也在流泪，泪水没让它停下来，它还在走。狗下了一窝崽子，主人把崽子送人后，狗也在流泪，徒劳悲鸣。

把泪洒进河里，泪将要走很多路。这些泪乘着河水去了许多城市和乡村，这些地方连泪的主人都没去过。泪在河里见到大鱼和小鱼，大鱼像陆地的猎豹一样凶猛，它的牙如钢铁的齿轮，凹兜的下巴十分傲慢。泪在急流里飞旋时，以为自己上了天堂。它被举起，被摔下，被狠狠地甩在礁石上四分五裂。泪水才知道它不是悲伤，它不过是一滴水，可以浮沉蒸发，可以奔走。泪水知道它的生活不仅是流在人面颊那一小段路，它的归宿也不是手背和手绢。它庆幸自己是水，然后融入大河，奔流的时候，谁都没有悲伤。

鹿甲勺

维拉索姨妈见过很多人。很多人从不知什么地方来到鄂温克人居住的山上看她。维拉索姨妈不知这些人是来看她还是来看驯鹿。

她已经八十二岁，这是官方给她规定的岁数。维拉索姨妈不知自己有多大年龄。许多鄂温克老人都不知道自己的年龄。她也不是皇帝，记忆自己的年龄有什么用处呢？人应该忘记许多事情，最该忘记的首先是年龄。维拉索姨妈眼睛藏在长着岩石纹路一样的前额下面，牙床萎缩了。她从床上撑起身子需要很长时间，需要胳膊和腰完全不称职的合作。她的眼睛仍然锐利，饱含着在山林里得来的清澈的光亮。

乡里的干部领人来参观，并带来一些生活用品。干部说出她已经多大年龄，并送她野战色彩的户外衣服。现在她正穿在身上。

维拉索姨妈见到了许多人，没发现哪个人比驯鹿更好看。她这辈子，眼睛里只有驯鹿。她在心里腾出一块很大很干净的地方，用来想念驯鹿。

5月份，山下的积雪融化了。维拉索姨妈领着驯鹿上山。一些大胆的花朵在冰的缝隙开花，像一颗颗粉色的儿童衣襟上的纽扣。驯鹿不吃这些花，它只吃新鲜的苔藓，驯鹿用嘴唇碰花，是跟花玩。维拉索用手给驯鹿搔背，这些驼色的绒很快像破毡片一样脱落，进入夏天了。驯鹿惊奇地看维拉索，用窄窄的面颊蹭她的手。她手背的脂肪消失了，一层皮包着骨头和静脉。驯鹿吃过苔藓、喝过刺骨的泉水后，抬头向四周看。维拉索知道它心里高兴呢。驯鹿微张着嘴唇、眼睛看远方的样子好像在唱歌。维拉索真的认为驯鹿在唱歌，只是人的耳朵听不到。她曾经闭上眼睛，把耳朵贴在驯鹿的嘴巴边上，听它唱什么歌。什么也没听到，维拉索认为这是人的耳朵失灵了。人的耳朵听过谎言之后，就不灵了，从此听不到驯鹿的歌声、松鼠的歌声，更听不到蓝莓开花时唱出的歌声。

维拉索姨妈总看驯鹿，见到人反而不习惯。两条腿走路的人走过来，问各种各样愚蠢的问题——比如鹿茸多少钱一斤等等。人穿得太奇怪，裙摆拖地却要把胸口露出来，打手机时莫名其妙地笑。但维拉索姨妈没办法不让他们来。他们为什么不好好待在自己家里呢?

维拉索姨妈有一个宝盒。这个盒也不算什么宝，是军用压缩饼干的绿色铁皮盒。不知道这是哪一年什么人送给她的东西，压缩饼干早吃没了，剩下这个空盒。盒子上有很好的扳扣，东西装进去丢不掉。这个绿铁皮盒里装过许多好东西，模范证书、海拉尔公园的门票和孩子小时候的作业本。后来，维拉索把这些东西都烧掉了。孩子早已长大成人喝酒死掉了，作业本留下有什么用？证书和门票更是没用处。维拉索的宝盒里只剩下一样东西，从床底下搬盒子时，它在里面叮当响。这是一个勺子，配银柄。勺子是驯鹿蹄甲做的，像山杏那么大，给驯鹿喂盐用。勺子的银柄刻着东正教的圣母和圣子像。维拉索不知道这个勺子在世上待了多少年，反正比她年龄大的多得多。这是她父亲的父亲的父亲留下的东西，年头可能比这还要多。她父亲说，祖先们从俄罗斯的勒拿河边来到这里时，就带着这个勺子。维拉索只知道勒拿河是一条大河，别的什么都不知道了，因为她没见过她的祖先。有个旅游者说列宁的名字取自勒拿河，他本名叫乌里扬诺夫。维拉索的父亲说勒拿是古鄂温克语，意思是大河。它发源于中西伯利亚高原的贝加尔山脉，那里是鄂温克人最早的故乡。

维拉索常常拿起这个勺子发呆。驯鹿蹄甲磨光之后透出褐玉式的花纹，当年这只蹄甲在山林里奔跑，踏过苔藓、岩石和冰冷的泉水。但勺子不说话，虽然它知道一切。夏天，维拉索把勺子揣进怀里，上山看驯鹿。她拿勺子舀纸包里的盐喂驯鹿，看驯鹿舔这个勺子。维拉索咧嘴笑了，露出光秃秃的牙床——呵呵，驯鹿在舔自己的脚趾。

一天，维拉索姨妈的木头房子里来了一位俄罗斯旅游者。他是一个年轻小伙子，分得很宽的眉毛眼睛像鄂温克人，鼻子和腮上的浓胡楂像俄罗斯人。他叫雅德。雅德递上了送给维拉索的礼物，是木套娃和锡制小珠宝盒。维拉索回赠他一双桦树皮做的婴儿鞋。

雅德从怀里拿出一样东西，维拉索吓了一跳，她连忙从床下搬出绿铁皮盒，找出了鹿甲勺。雅德手里拿着一模一样的鹿甲勺。维拉索姨妈以为雅德偷走了自己的勺子，从盒子拿出自己的勺子后，才发现他拿的是另一个。雅德看到维拉索的勺子后很激动，像演话剧一样说了很长一段独白，眼里含着泪水，连俄语翻译也没听懂他在说些什么。雅德指给她看——这两个勺子背后都刻着年代——1783，它们是同一时代的产物。

雅德说，这是他祖上留下的部落标记，他正在全世界范围内寻找这种鹿甲喂盐勺的持有者，找到了，就意味着发现家族河流的经过地。他拜访过不少鄂温克和鄂伦春家庭，拿出这个勺子，对方却没反应。今天在呼伦贝尔发现了这个勺子，他太激动了。雅德说，维拉索姨妈的勺子是他在世上发现的第四个喂盐勺。他手里有一个，白令海峡对面的印第安人手里有一个，莫斯科民间博物馆里有一个，还有维拉索这只。

“让我做什么，把勺子送给你吗？”维拉索问雅德。

雅德脸红了，说：“不会，那怎么会？您自己好好保存吧。我邀请您去我的故乡也是您的故乡勒拿河流域去访问。”

“去不了，我老得已经记不住岁数了。”维拉索说。她要为雅德唱一首歌，说这是跟驯鹿学的歌。

“驯鹿会唱歌吗？”雅德非常惊讶。

“会的。”维拉索说。她唱道：

如果春天不回家，鲜花就把窗台挡住了。如果夏天不回家，青草就把道路挡住了。“呦——呦——”快回家吧，我的驯鹿孩子。

歌声好像驯鹿在山谷里鸣叫的回音，雅德一边录音一边擦眼泪。维拉索姨妈越来越老了，她坐在门口，永远凝望着远方。美国诗人唐纳德·霍尔在《秋思》里写道：

人们凝望着，继续凝望。在这里住了一辈子的人，对此地的景色仍然百看不厌。除了爱，他们的凝望没有其他理由。

马　灯

那年我到坝后，干什么去已经忘了，但脑子里挂记着那盏马灯。我们住在大车店的一铺大炕上，睡着二十多人，都是马车夫。白天，我和主车夫老杜套上我们的马车，拉东西，把东西从这个地方拉到那个地方，好像拉过羊圈里的粪。那羊圈真是世上最好的羊圈，起出二十多厘米厚的羊粪，下面还有粪，黑羊粪蛋子一层一层地偷偷发酵，甚至发烫，像一片一片的毡子。我简直爱不释手，并沉醉于羊粪发酵发出的奇特气味中。晚上，我们住大车店。

大车店没拉电，客房挂一盏马灯，马厩挂一盏马灯。晚上，车夫们掰脚丫子，亮肚子，讲猥亵笑话。马灯的光芒没等照到车夫脸上就缩在半空中，他们的脸埋在黑暗中，但露着白牙。不刷牙的车夫，这时也被马灯照出洁白的牙齿。苇子编的炕席已经黄了，炕席的窟窿里露出炕的黑土，肮脏得看不出颜色的被褥全在马灯的光晕之外。房梁上，悬挂着一尺左右、像暖瓶一样的马灯。

灯的玻璃罩里面的灯芯燃烧煤油。花生米大小的火苗发出刺目的白光，马灯周围融洽一团橘黄的光芒，仿佛它是个放射黄光的灯。马灯的玻璃罩像电吹风的风筒，罩子四周是交叉的铁丝护具。装煤油的铁盒是灯的底座，可装二两油。

蛾子在屋顶缭绕，它们靠近灯，但灯罩喷出的热气流把它们拒之灯外。不久，车夫们响起鼾声，这声音好像是故意发出的极为奇怪的声音。你让一个清醒的人打鼾，他发不出梦境里的声音，他忘记了梦中的发声方法。有人像唱呼麦一样同时发出两三个声音，有低音、泛音和琶音，有许多休止符使之断断续续。有人在豪放地呼出噜之后，吸气却是纤细的弱音，好像他嗓子里勒着一根欲断的琴弦，而且是琵琶的弦，仿佛弹出最后一响就断了，但始终没断。打呼噜的人大都张着嘴，但闭着眼。他们张嘴的样子如同渴望被解救出来。我半夜解手回屋，背手踱步，在马灯的光亮下视察过这些打鼾的车夫，洞开的嘴还可以寓意失望、吃惊和无知。他们是够无知的，把这个村的羊粪拉到另一个村的地里，其实，我看到那个村也有羊圈。那时候，农村里的一切都归公社所有，拉哪个羊圈的粪都一样，就像一家人，把这个碗里的饭拨到那个碗里一样。车夫们睡姿奇特，如果在他们脸上和身上喷上一些道具血，这就是个大屠杀现场或“廿先烈就义图”：有人仰卧，此乃胸口中弹；有人趴着，背后中弹；有人侧卧并保留攀登的姿势，证明他气绝最晚，想从死人堆爬出去报信但没成功。

即使不解手，我也希望半夜醒来到外面看看夜景。夏夜的风带着故乡性，它从虫鸣、树林、河面吹来。昆虫在夜里大摇大摆地爬，爬一会儿，抬头看看天上的星星。月亮瘫痪在一堆云的烂棉花套子里。我看到夜越深天色越清亮，接壤黑黢黢的土地的天际发白。可见“天黑”一词不准，天在夜里不算黑，有星星互相照亮，是“地黑”了。被树林和草叶遮盖的地更黑，这正是昆虫和动物盼望的情景，在黑黑的土地上，它们瞪着亮晶晶的眼睛彼此大笑。夜风裹着庄稼、青草和树林里腐殖质散发的气味，既潮湿、又丰富。我回屋，见马厩里的马灯照着马，木马槽好像成了黑石槽，离马灯最近那匹马大张着眼睛往夜色里看，灯光照亮它狭长的半面脸颊，光晕在它鼻梁上铺了一条平直的路。马在夜色里看到了什么？风吹了一夜却没有吹淡夜色。那些踉跄着接连村庄的星星就像马灯。喝醉了的大车店老板手拎马灯，如同拎一瓶酒，他走两步路，站下想一想，打一个嗝。青蛙拼命喊叫，告诉他回家的路，但他听不懂。夏夜，马灯是村庄开放的花，彻夜不熄。马灯的提梁使它像一个壶，但没有茶水，只有光明。马灯聚合了半工业化社会的制作工艺，在电到来之前，它是有性格、有故事的照明体，它是移来移去的火，是用玻璃罩子防风的火苗之灯。它比蜡烛更接近工业化，但很快又变成了文物。马灯照过的模糊的房间，现在被电灯照得一览无余，上厕所也不必出门了。

磨刀人

水让刀成了磨石的臣民。

我在边上的市场见到磨刀人，觉得离童年又近了一步。我第一次见到磨刀人围着脏帆布的围裙、戴着老花镜在四脚长凳上磨刀，是在昭乌达盟公署家属院。

我看到他扛着四脚板凳奔走，边走边吆喝，太乐人了。人扛着板凳走？他是磨刀人。

他把板凳放下，骑上面，磨一把刀。

磨刀人磨过盟公署家属院所有人家的刀。豁齿的刀，不再找他磨，剁喂鸡的萝卜缨子。磨刀人把菜刀平按在磨石上，只三个手指就把刀按得无法翻身。霍霍霍，磨刀声像一首小曲。我盼他把我家的菜刀磨得雪亮，拎在手里挥舞如银链，夜里也放白光。

磨刀人在意的是刀刃快不快，他不管亮不亮，磨一会儿，用拇指肚试试刀口。他应该用自己的白胡子试刃，胡子割下一绺，证明此刀快得很。

磨刀人不想让刀太锋利，非不能也，是不为也。最锋利的刀适合刮胡子—— 一般的刀、一般的钢都刮不动胡子。胡子很顽固，其柔其韧让刀茫然——刮完胡子就得再磨。次锋利的是手术刀，割肉要快（不快太缺德）。又锋利的是切菜刀。

盟公署家属院的菜刀于我之童年不刮胡子、不做手术，连切肉都罕见，没肉。家属院解嘲的话叫“想吃肉往自己腮帮子上咬”。街上无肉卖，干部不许养鸡鸭猪狗，没肉挨刀。

我们的刀是切菜的，大白菜唰唰唰，苤蓝疙瘩唰唰唰，玉米面发糕切成三角形。最奢华的时刻来到了——春节，公家供应每户三斤白面，除夕各家包白面饺子，刀切面剂子、切面条。刀在湿面上一下一下切下去，面剂子满案翻滚，遍身薄粉。没等吃饺子，见到面剂子已感幸福。刀切面条如造工艺品，面饼叠成四五沓被切成条，手拎起来似乱蛇挂树，这就是面条，现谓手擀面。彼时面条皆手擀，只有北京人才吃机制挂面。挂面为何名之为“挂”，不清楚。或许机器压出的面条要挂一下见风，以免纠结。

面是刀切的。刀的钢刃在面坨上一咬一段，看出它比白面厉害。白面在那时的中国已经很厉害，不是所谓干部，过八个春节也吃不上白面。农民看别人吃白面都看不到，村里没人表演这么奢侈的节目。刀把白面切成条，切成面剂子，之后，刀傲慢地到一边躺着歇着去了。擀面杖到面案上表演前滚翻和后滚翻，把剂子压成饺子皮。在其余的岁月，刀接着切白菜、切角瓜和倭瓜。刀想切肉切鱼，但无肉无鱼。

刀在我们家属院其实不须年年磨，我妈出于虚荣心，每年在过年前都请磨刀人磨一下刀，暗示吾家在逝去的一年或曾切过肉。刀切白菜萝卜甚至面条，都用不着磨，刀刃钝不了。但我们家的刀切过奶豆腐，比切白菜费刀。

磨刀人站在我家红松木板的栅栏前，放下板凳，倒骑其上，唰唰磨刀。他手蘸茶缸里的水，滴洒刀上，唰唰磨。灰色的水流从磨石淌下，带走了一部分钢和铁。我妈梳两根大辫子，攥着一毛钱看他磨刀。不一会儿，围观的人渐多，有人手里拎着自家的菜刀。他们像我妈一样虚荣或不虚荣，要在春节之前磨一磨刀，像扫一扫房子、擦一擦玻璃。

刀咬住磨石的肉不松口，磨石用谦让削薄了刀的刃。磨好的刀在一韭叶宽的窄条上闪着精光，这是刃。其余部分是刀的后背和腰。我妈接过磨好的刀，用手掂了掂，其实刀磨得快不快用手掂不出来。她把一毛钱付给磨刀人，他把钱揣进胸兜，用眼睛扫其他拎刀的人。那时刻，磨刀人是个人物。

磨烂鞋子，路才寂静

从朋友的墓地走出来，我突然感到路的虚假。

来的时候，我们在路上走，走到墓地，肃穆起来。想到逝者，而逝者在脑海里的印象并不坚实，是片断和一些影子。对逝者来说，是一群人站在高处低头看他，当然什么也没看到。

我们看到了草。草长在除河流之外的一切地方，它们出现，似乎只为遮住土壤。雨后的草格外茁壮，腰全拔了起来，叶子绿油油的，像有人用布擦过。草地上的水杉树的树干带着水痕，阴面结着青苔。小鸟在飞行中鸣唱，它的歌声从不同的树上发出来，只有一只鸟唱。在这样充满生机的地方建造墓地似不合适。是的，所有的墓地与大自然都不谐洽，因为树、草和小鸟死后都没有墓。云没有墓，说散就散了。

我们走过来的这条小路在朋友的墓前停住了。路还会停吗？我平时似乎忽略了哪些路还在走、哪些路已经停顿。这里是乡下，是一处山野，路如果不停就无处可去。回来的时候，我们还走这条路，心情则出现前面说的异样。

这条路通向哪里呢？通向生活吗？

生活是活着的人的生存之地。这条通向生活的路看上去有点儿破败，不像通向墓地的那一段青草萋萋。走向墓地时，小路毫无掩饰，如同通向游乐场。虽然草木在尽力生长，但还为逝者保留着安静。一个人死了，被埋在地下，虽然不太深，但他永远无法站起来返回地面。转回来，看到路，如同看到人的脚步和其他痕迹，他们在生，在走，最终走到一条安静的小路的尽头。而那条路又有人走来，站立，再转回去。

离开墓地的时候，我无由地回头看了看。其实，逝者如果不能复生，是无须回头看的。我竟看到草里有白花开放，不知什么草，花像水仙一样单薄无力。刚才怎么没看到这些花呢？我转回去看，又看到墓前有一片蚂蚁奔跑搬家。蚂蚁们合伙抬一只昆虫的翅膀，翅膀已经漏风了。小鸟比刚才唱得更欢，它藏在树的叶子里，期望人们以为是树叶在唱歌。小鸟用长短音、滑音和琶音说它们心头的一切。每只鸟固执地说一件事，不换话头。

禅宗把话欲说未说之际称为话头，说出来它就成了话尾。参话头参的是前后无念的一念，像把一座山安放在针尖上，而我找不到话头。友人聚谈时，我听他们说，心想：我要说什么呢？直到结束也没说出啥。这时想起我单位一人，他平生只运用两个字表达人生，连成片用——对对对、是是是，和鸟鸣差不多，都是单音节。

墓地在安静之中仍暗藏着这些忙碌，不光鸟和蚂蚁忙。风潜入，草叶摇摆万千。从云层钻出的阳光泼在每株草上，如洒水车一般。鸟、蚂蚁、青苔、阳光和我的朋友在这里各安其位，我只好走了，去走路。

空荡荡的路上仿佛装满了生活，走过去，就走到两种以上的选择之中，然而你只能选其中之一，你往前走或者退回来寻找别的路。每人每天要做的事其实就是走路，包括走家里通向餐桌、厕所和床的路。人醒过来下床，先低头看自己的鞋，要走路。从鞋里解脱的人，已经从人生的大部分事情上解脱了。

从墓地出来，我觉得眼前的路特别陌生，好像路不该是这样，而应有新式样。中医称这个状态为“怔忡”，电脑维修商管这叫“死机”，需重启。一旦走上人来车往的大路，什么都忘了，有可能整理思绪的机会已经没了。人和人到了一起之后，相互给予麻木的苟活力。而路，用它无限的延伸给人期望，也给人虚妄。人磨破了无数双鞋子之后，路才显示寂静。

燃灯人

那些铜碗亮了，从里面亮，像菩萨手拢一朵莲花。莲花扑扑跳，涌出红的花、橘黄的花。铜碗对着灯芯笑，转圈看火苗的头顶和火苗的腰。一念长于千古，佛灯融化了时光。

燃灯人缓缓走过来，点亮灯，一盏一盏。酥油捻子遇火露出一张红彤彤的脸，它见到了熟悉的燃灯人。燃灯人的皱纹也像莲花瓣，额头三道纹代表水，智慧海上莲花渐次开。他的瞳孔回映两朵更小的火苗，也在跳，与灯对视。紫檀香的木佛像，笑容似有若无。佛超越了苦，自然无所谓乐与不乐。乐比苦更短暂，短暂就不要执着了，执也着不到手里。人手心的皱纹比脸上更多，手心从小就有皱纹，它抓东抓西，什么也抓不住。摊开手，是让上天看到你什么也没有，天给你一些宁静。

紫檀木的香味像骨头的香，钻进鼻孔里还往里钻，一直趴到骨头上。酥油也有香，它在燃烧中混合了空气，似昙花开放在木鱼的敲击中。雪白的大昙花开在夜里，密集的花瓣挤出一张张脸看世界。世界不结实，转瞬变幻。昙花比时间走得更早，刚绽放就召回了花瓣，它们对周遭只看了一眼。一眼就够了，万物越看越虚幻，第一眼最真实，后来所见，早已不是它了。所谓六根，眼最欺人。

燃灯的人早晚各走几百步，走走停停，停下就有一盏灯亮。他的脸被佛灯照亮一万遍，如同过了生生世世。海潮声传过来，那是螺号伴随诵经之音。你感觉声音真是一道波，没见到风，波却扑到脸上，从汗毛孔钻进心里，到心里又去什么地方，就不清楚了。梵语和巴利语的经文像听过，记不住多少年前听过，也许是在一千年前。经所说非“意”，而为“义”。而“义”也不可详解，顶算从耳朵往心里放一块玉，让热辣的心凉快一下。喇嘛闭目诵经，他们诵一模一样的经文，为什么呢？盏盏酥油灯在佛前开成一个花池，夜色是无边的海，露出灯盏的岛。灯的岛把花开出来，照亮一张张宁静的脸。脸们本来追求物质，可是物质不坚固乃至不存在，转而求安慰，安慰也是对来世的铺垫。此世之人谁都没见过来世，证明不了来世，来世未必比此世好。盼来世没有农药和谎言，没有 PM2.5 和隐瞒，没有户口和拆迁，有没有钱都算好世道。油灯照不干脸上的泪痕，油灯让心驻在一小朵跳动的火苗上。火苗像开口说话，欲言又止，像不说了。众所周知，佛灯跟谁都没说过话。

灯慢慢跳着舞，酥油反射白亮的灯影。灯芯爆出一朵花，像宣布一个消息。佛灯开的花，蒙古语叫“zhuo la”——卓拉，多好的词语。走到灯前，跟卓拉相见是幸运的事情，好像佛跟你笑了一下。灯花一爆，是你跟佛照的一张合影。

沙日拉咩绕，我的马

我父亲那顺德力格尔第一次来到沈阳是在 1948 年 11 月 2 日。他们从塔湾进入，这里是沈阳的西北角。地上铺着一尺多厚的雪，马奋力抬蹄，再踏进去，跑不起来。国军的黑飞机从树梢那么低掠过，倾撒机枪子弹，像泼水似的。马跑不动，骑兵们活下来全靠运气。我爸现在说国民党的黑飞机，还咬着牙不松开："它们横着飞、斜着飞，人和马都害怕。机枪子弹沿一趟线突突下来，地全开花了。人马中弹，血化开炕席那么大一片雪，地上出来一个血窟窿，马的血比人多。"

马累出汗，脖子上的毛聚成小绺，骑兵们冻得打哆嗦。11 月份，他们穿单衣单裤，这是黄炸药染的土布军装，但炸药不扛冷。他们进城没遇到抵抗的国军，十几里外的城中心传来密密麻麻的枪声。我爸属于四野骑兵二师十三团，他们刚刚从长春赶过来，和四野主力一起解放沈阳。

我爸骑一匹白马，蒙古语叫"沙日拉（略带杂毛的白色的）咩绕（马）"，他的马像一个细心的战士，和他一起走过战火。黑飞机过来扫射，战马要有足够的意志力隐忍不动。马如果毛了，疯一样蹿出去，就成了敌机第二轮扫射的目标。这些，战马都懂。马在战场上见过无数死人，见过人趴在死人身上痛哭，见过人拖着五六米的青色肠子在地上爬。从长春开始，骑兵二师和四野一个朝鲜人的步兵师穿插行军。骑兵目标大，夜里行军，朝鲜步兵师白天走。那时候，八路军（四野官兵习惯自称八路军）占领了东北的土地，但天空还属于国军，天天狂轰滥炸，天到夜里才歇着。进城是在早晨五点钟，连长罗保传令："整理军容风纪，显示八路军的威风。"骑兵们夜里行军，身裹日本人的军毯和土匪的羊皮袄，接到命令，他们全都挺起胸脯，显露出四野的胸章。"要不然，"罗保说，"老百姓以为咱们是土匪呢。"城里是一片荒凉的平房，无人瞻视他们挺胸的丰姿，老百姓都跑光了。

骑兵二师全由蒙古人组成，每连一百个战士、一百匹马、一百杆三八大盖（苏军收缴日军装备转配四野）、一百把哈尔滨产马刀。我爸说哈尔滨的马刀照日本军刀差远了。好马刀不是好菜刀，它的刃有五分钱硬币那么厚，刃不能开。好刀接连马的冲力与骑兵的臂力，一刀下去可削掉半边人身，它哪是刀，是一下砍断五六根骨头的薄钢板。刀下去砍不到人，骑兵会一头栽到地下，这是多大的力量。我爸他们挺着胸脯走在街上，路边立着电线杆子，这是大城市的标志。塔湾之无垢舍利塔立在前方几十米处，雪落在一层层的飞檐上像撑着白伞。“咣——咣——”，一阵爆炸响起，声音静下来。他们接着往前走，电线上、树上挂着人和马的碎肉、炸药染的军服碎片。

“尖兵班全没了，十二个人，他们全骑着白马。”我爸说，“不知道是什么炸了，炮弹，也可能是地雷。”

战争的仇恨是一点点积累的。我爸所在的十三团一连官兵是乡亲，有亲戚关系。我爸的战友中有他的叔叔、伯伯和舅舅，一起出来当兵却不能一起回家，让活人悲伤。战马是骑兵从自己家里带出来的坐骑，我爸的沙日拉咩绕是我爷爷彭申苏瓦参加内蒙古自治军的马。我爷爷在飞驰的马上用步枪左右开弓，打碎东西两侧二百米外的四块青砖。他的枪技离不开马的配合，马跑得稳，枪打得才准。我爷爷回家养伤，我爸骑这匹马入伍，编入骑兵二师。那年我爸十八岁，马六岁。

马跑到最快时四个蹄子像攒在一块儿又撒开，像一块风里的云彩。天下没有战虎、战狼、战猪，却有战马。马把自己的命搭在人的命里，他们是死党。骑兵们进了沈阳，一厢待命，步兵在每一条街上打巷战。“噼里啪啦！噼里啪啦！”我爸说，“步兵跟他们干，我们等着。”在攻城的战斗里，骑兵像老鹰一样待在城市外围，阻击敌方援兵或从步兵防线逃出的溃敌。马要有马棚，我爸他们团进驻铁西一家面粉厂。他们找来找去发现面粉厂有大棚，里边垛着一袋袋白面。“马住棚里，我们吃烙饼。白面就是白面，没油烙出来也好吃。”他们卷着饼往嘴里塞，手里抓另一张。枪声停了，零星的枪声也没了，他们举着烙饼欢呼胜利。骑兵们爬上房顶，看见缴械的国军排长队走过来，被解放军战士押解，蜿蜒十几里。国军的军装有两种，一种土包子样，比八路军好不到哪去，另一种是美式哔叽夹克。“漂亮！”我爸说，“被我们的人押着，全套美式装备。”

骑兵的烙饼只吃了一天，沈阳解放了，他们领命追击另一股土匪，匪首叫胡图林嘎。土匪边逃边散，追到开鲁之后，土匪没了。国军和土匪都怕四野骑兵，但骑兵怕老百姓。四野军纪严明，老百姓一告状，违犯纪律的人就要倒霉，最轻也是连长一顿拳脚伺候。土匪进村，上门抢粮食草料，八路军哪敢抢？抢老百姓会被军法官枪毙。骑兵们不会说汉语，兜里没有钱，他们向老百姓作揖赔笑脸，像要饭一样为马讨要谷草。八路军有一奇技——写借条，写上借谷草多少斤、粮食多少斤，全国解放之日偿还。我爸读过私塾，通蒙古文满文日文。他写了无数借条，一挥而就。汉族老百姓不懂蒙古文满文日文，连汉文也不认识，笑笑，把粮食草料送给骑兵。马有吃的就好了。马爱吃铡得细碎的谷草秸秆。“唰唰唰，像吃水果一样。”我爸替马说，“这是冬天。到夏天更好，有青草了。”

夏天，若无战事，骑兵们把鞍子、笼头从战马身上卸下来，领马到草甸子上玩。我爸上河边给白马洗澡，用刷子刷马。马舒服，用鼻子蹭人胳膊。我爸在草甸子上跑，白马在后面追，人躺在草地上，马低头闻他的头发。“可好啦，马呀！”我爸说，“像小猫小狗一样，它知道这是玩呢。”他骑在马上最爱唱一首歌，是从成吉思汗时代传下来的：

蒙古人战胜多少苦痛完成的大基业，蒙古骏马立下了大功。像蒙古人有天那么高的志气，蒙古马的力气啊真是无穷。

蒙古族有许多赞美马的歌曲。《巴音杭盖》唱道：

可汗的行宫边上，带嚼子的骏马神气地披着黑缎子。云彩似的马啊，追赶前边的云彩……用黑豆喂得滚瓜溜圆，用绿豆喂得滚瓜溜圆。我的花白头发的爸爸留给我最好的马……最有名的北京城啊，城里吉祥还繁荣，手捧一堆现大洋，也买不来一匹大走马。最有名的南京城啊，城里文明还繁荣，从怀里掏出来八十五两银子，也买不到一匹好走马。我的马呀人人都喜欢，它的额上有一块月牙斑。

唱到这儿，我爸每每发表不同意见。骑兵认为带月牙斑的马不吉利，没人骑这样的马上战场，心里硌硬。我爸说他的沙日拉咩绕是最好的马，因为它是白马，成吉思汗的坐骑就是白马。大汗养了七十匹骒马，产马奶供他饮食。我爸说他的白马睫毛也是白的，像翅膀一样呼嗒呼嗒眨么。这匹马静立如雕塑，脸上血管隆起，它的蹄子像四块大玉石，眼睛比黑水晶还要黑。白马救过我爸的命。1947 年 5 月，骑兵行军到开鲁县保合屯一带山坡下暂休，不到十分钟，哨兵跑过来，说山后抄来五千多国军（不一定有这么多，哨兵吓坏了）。休息的骑兵，人不离枪，马不离鞍，他们上马就跑。国军见蒙古八路逃遁，放枪射击。马爬山动作大，我爸摔了下来。腿摔伤站不起来，白马围着他打转，密集的子弹打过来，石头冒火星。马恨不能扶他起来，可惜没长手。我爸拽着马镫爬上了马，追上部队。晚上宿营，我爸摸白马的前额——马喜欢人摸它的前额。“马啊，你救了我的命。”马低下头，闻他的胳膊。“可惜它不会说话，但它能听懂我说话。”

打四平，骑兵驻扎在离城八里外的村子。国军黑夜白天轰炸，八里之外仍觉地面震动。四平攻下来，骑兵进城，他们看到国军钢骨水泥的碉堡连成一片。“碉堡前是什么？”我爸伸出手，手在抖，“八路军的尸体垛成垛啦，一丈多高。”骑兵从近百米长、比人还高的死人垛前走过去，我爸察觉白马浑身都在抖。血水流在壕沟里，上面落一层尘土。马闻到八路军战士血的味，不敢往前走了。骑兵下马，摘下帽子，沮丧地走过去，马垂着头。牺牲者一个人压着另一个人，摞着，血穿过尸体流进壕沟。我爸不敢看血流，但还是偷眼看。血从人垛滴答下来，汇成细小的河流。

“最难受的不是这个。”我爸说。最难受的是看马寻找牺牲的主人。1948 年 8 月，他们在开鲁县好宝营子遭遇六十多个土匪。骑兵叮咣一顿袭击，消灭了大半土匪，匪首带几个人钻进了苇塘里。芦苇宽广好几亩，我明匪暗，八路军进去一个被打死一个。巴图、却吉、杜楞扎那、东山，一共四个人被土匪打死，都是我爸的长辈。后来，三班长青龙不知采取什么办法爬进苇塘里面，用手榴弹炸死了土匪。他们用刺刀在山坡阳面挖一个大坑，铺上柳条，掩埋战友。遗体撒上一层柳树叶，盖土，用马踩过去。这时候，巴图叔叔的白马、却吉大爷的枣红马、杜楞扎那舅舅的白马、东山叔叔的黄马像疯了一样找它们的主人。这些马在队伍里钻来钻去，见到人就闻腿闻胳膊。骑兵们哭了，我爸手扶鞍子放声大哭。马还在找，慌慌张张地钻来钻去，鬃毛如乱发撒在脖子上。

骑兵们骑着战马踏遍东北的冰天雪地，看过漫山遍野的山杏的白花、长在石头里的杜鹃的粉红花。他们唱着成吉思汗时代的战歌前进，脖子上挂着在庙里请的护身符。子弹不长眼睛，上战场谁不怕死？有了佛爷的护身符，心里踏实点儿。我爸头一回参加战斗，枪一响，白马的身体一阵阵激灵，他身体跟着激灵。“枪声大了就好了，”他说，“谁也不害怕了。”他原来有他奶奶努恩吉雅给的观音菩萨护身符，后来部队不让战士戴佛像，说革命军人不兴这个。我爸不敢扔菩萨像，又没地方放，急得团团转。一次，他在老乡家后院发现一处石片砌的墙，就把护身符塞进墙里，看四外没人，跪地祈祷：“菩萨呀，不是我不戴你，是指导员不让戴，要惩罚就惩罚指导员吧。菩萨，保佑我和白马别让子弹打死。”这一番祈祷的效用深远，我爸于枪林弹雨里无恙，“文革”被吊打十五天十五夜没死。这二十年中，他主编出版从古至今蒙古族文学汉译作品典籍十二卷，为蒙古文化史上第一人。菩萨一直在保佑他。

我从小对“骑兵”这个词敏感。上小学时，军分区在体育场举办阅兵式。骑兵骑马走过主席台前，马刀竖在肩膀前闪闪发光。那时候，大喇叭放一首铜管吹奏的《骑兵进行曲》——米多来米米，米多来米米，索索多来米——忒雄壮。在乐曲里，你看战马高昂着头，鬃发一抖一抖，蹄子灵巧地翻盏，那真叫威武雄壮。

赤峰体育场的主席台很小，司令脸上有麻子。我爸的白马比赤峰骑兵老十四团那些马厉害，它参加过开国大典，当然是我爸带它参加。他骑着白马和战友一起接受毛泽东和朱德的检阅。1949 年，骑兵二师划归内蒙古军区，组成一个白马团、一个黑马团出席天安门广场阅兵式，我爸在白马团。8 月，他们进驻清华大学边上一个叫清河的村庄。那时候，北京到处流传国民党的谣言。村里风传：共产党的鞑子兵茹毛饮血、割人耳朵。骑兵们受到歧视却不知缘由。我爸说，村里人供刺猬为神灵。刺猬满地爬行，若被马踩死，老百姓很不高兴。但战马偶尔会踩到刺猬老爷，民运干事点头哈腰跟村民道歉。团长下令，全心全意爱护刺猬，谁踩刺猬谁受处分。我爸差一点儿受处分，但不是因为刺猬。1948 年 5 月，他们和国民党正规军在突泉县对阵，消灭国军一个连。我爸心眼多。他留在连队后面，看连队走远了，偷回战场捡洋捞。他捡到六尺白布、一条雪茄烟，然后追赶队伍。连长罗保发现此事非常生气，说："你个兔崽子，我要处分你。"我爸把雪茄烟双手举过头（按辈分，罗保是他远房爷爷，原为日本骑兵军官）。我爸七岁已开始吸烟，不得已才把这么好的烟交出去。罗保吸雪茄烟，很入迷。我爸问："罗保爷爷，我的处分……"罗保说："我再吸一根。"他又吸了一根烟，说，"下回处分你，这回算了。"

"怎么处分？"我问。

"禁闭三天或七天、十五天不等，再严重送军法处。"

8 月份，清河村外的草甸子正开黄花、红花、白花，战马把花朵全踩灭了。骑兵每天训练战马横竖成排，类似现今马的盛装舞步，这是非常困难的事。上级要求骑兵团走过天安门时，战马横竖成排。骑兵要把提振缰绳和双腿夹马的功夫掌握纯熟，控制行进速度。天天练，他们练了两个月，人与马达成难以言传的默契。白马在草甸子一排排走过去，迈着小碎步，非常整齐。

1949 年 10 月 1 日，内蒙古军区骑兵二师白马团和黑马团凌晨五时从清河村出发，七时到达北京东单。骑兵们头一天发了棉布新军装，马在水泡子里洗了澡——每人领到半块肥皂，给马洗澡。马洗完澡，晚上用缰绳吊起来，不让它躺着睡觉，怕脏了皮毛。夜里，骑兵们领到铁盒的金鸡牌鞋油，马靴擦得油光锃亮。到了东单，团长下令给马蹄子刷上黑鞋油，白马挺神气。检阅开始，骑兵走到天安门城楼前，我爸心里默念："白马啊，你千万别走错，好好走。"他的汗把军装都湿透了。大喇叭传出总参谋长命令："向右——看！"右侧是城楼。我爸把脸偏向右面，但眼睛斜回来盯马头。他的战友也都向右转脸，眼盯马。谢天谢地，马走得很整齐，没出错。但骑兵们遗憾没看清毛主席和朱总司令的面庞。

1950 年 9 月，骑兵二师赴通辽集结，准备赴朝参战。等了几天，中央军委说入朝作战预计伤亡很大，少数民族部队不入朝。内蒙古军区司令乌兰夫要求部队把战马捐献给志愿军。

捐出去战马，骑兵很痛苦。9 月 10 日，我爸和另外六名战士牵着全连一百多匹马来到通辽火车站。站台上到处都是战马。我爸抱着白马的脖子，摸马的额头，马闻他胳膊。军需官下令："一连战马上车！"几块木板搭在黑铁皮车厢上，他们把战马一匹匹牵上火车。我爸让白马待在边上，最后牵它上火车。白马上了车，回头看他。我爸心都快要碎了，咬着嘴唇才没哭出声来。回到连队，我爸走进了空荡荡的马厩，不禁痛哭。他病了，在炕上躺了两天，脑子里全是白马的模样，一合眼睛，就见白马走过来，闻他的腿。科尔沁有一首情歌《乌尤黛》，说一个男人想念女人乌尤黛。连里有人唱这个歌，让我爸更痛苦。歌里唱：

想念你呀受不了，啊嗬咿，乌尤黛啊嗬，半夜起来把白马刷了一遍。想念你呀受不了，啊嗬咿，乌尤黛啊嗬，半夜起来把青马刷了一遍。我要是蝴蝶呀，落在你的领子上，天天把你瞧。可惜我不是蝴蝶呀，眼巴巴看你转身离去……

我爸喔喔哭起来，觉得他比这个男人惨，半夜起来，白马却没了。那几天，骑兵们的袖子上沾满了眼泪，想念战马。1954 年，我爸的思马病再度复发。他不断写文章，写对马的思念，心情好了一些。他写了一首诗，题目叫《银色的白马》，写沙日拉咩绕——他的战马。此诗发表在蒙古文学期刊《花的原野》上面，得了奖。奖品是一支铱金尖英雄牌自来水笔。

昨晚，我爸我妈并排坐沙发上看电视，新闻播报普京当选俄联邦总统，他在群众集会上面现泪痕，我爸以手按眼窝。我妈问："普京当总统，你哭啥？"我爸站起来，摇摇头，左手拎下坠的紫红毛裤，说"我想起了我的马"。1950 年到 2012 年，六十二年。我爸今年八十三岁，他在想念他的马。他说："闻呀、闻呀，可能一个人有一个味吧？马用鼻子闻你……"他的声音走样了，拿手绢擦鹰钩鼻子上的眼泪，说："沙日拉咩绕，我的马……"

谁在水面倒立起舞

哈萨克人的身体或心灵一定与异族人有不同之处，他们——我说的是哈萨克男人和女人、老人与孩子——听到音乐，会自动地、舒缓地、大方地跳起舞来，像饥饿的人拿起面包那样自然。

褐色的伊犁河从西岸深绿的松林中奔腾流过。山坡上，三位盛装的哈萨克人弹着冬不拉走过来，这是一个仪式，欢迎外来的游客。我一直在看穿红色金丝绒裙子的哈萨克姑娘的帽子，她的帽子上插着一根漂亮的羽毛。

我们唱歌要羞涩一番，好像这是见不得人的事，要扭捏，站起，坐下，清嗓子，假装咳嗽。这一套烦琐的程序是在等待心灵解码，找钥匙把那把羞愧的锁打开才唱，唱得好听不好听两说着。哈萨克人开口就唱，歌声急着从他们肚子里跑出来。唱歌时，他们的表情那么平静，像松树和白云一样平静。河谷里长满了白桦树和松树，树的脚下是大朵的野芍药花，花像兔子贴着地皮飞跑，到处都是它们白色的影子。高山的后面还是高山，正像松树的后面还有松树。茶褐色的伊犁河打着漩儿奔流，就像右面那个四五岁的哈萨克小姑娘。她在乐声里往前跑，跑三步原地转一个圈子，如查看身后有谁站着。河水就这样转着圈流淌，也可能河水听到音乐声之后才这样旋转流淌。看到这些，哈萨克人要开口唱一唱。好在哈萨克人有足够的歌曲唱。他们的祖先早就猜出来后代爱唱歌，因为高山和草原太美好了，给他们发明创造了很多歌。发明歌其实比发明电灯电视都重要。我越来越感到电灯电视很不重要，基本上是多余的东西。它们都是电能驱动的，让电回去吧，别在人间瞎闹了。干什么不好，你点灯点电视干吗？让电回到发电厂，回到风里煤里和水里。没有电灯的夜晚不叫黑暗而叫宁静。

哈萨克人唱歌。他们长着天真的眼睛，黑粗的手和黑红的脸都不妨碍他们眼神的天真。他们像两三岁的儿童站在母亲——这自然是草原——面前唱歌，仿佛不知道自己在唱什么。人在高天之下唱歌，不可能挤眉弄眼，也不会使用所谓手势。这就像人在教堂里唱歌不能飞眼与乞求掌声一样。他们唱歌的时候，山坡上聚集了许多哈萨克牧民，他们等待叼羊表演。这几十个人当中有一半是儿童。哈萨克人的生育率很高，一半人能生一半人。这些儿童的手脚特别是腰没有消停过，他们一直在跳舞，跳哈萨克民族舞蹈。一个两岁多刚会走的女孩子两手掐腰，抖着肩，一动一动地弯下腰，又一动一动地抬起头，向后仰，一直仰到用眼睛看不到我们了，再抬起头。她的动作受到冬不拉节奏的控制，而且她完全没想过一个问题：什么时候停下来。假如这个弹奏三角形阿拜冬不拉的男人疯了，一直弹下去，这个女童的腰就永远弯过来，仰过去，掐腰抖肩，像一株在风中摇摆开红花的灯芯草。女童的对面是一个男童，四五岁，是她的舞伴。他跳另一种样式的舞，举起双手，像模仿鹰的飞行。看过去，这里的孩子们都在跳舞。不跳舞的矮个子生灵只有一只小白狗，它傻傻地看小孩跳舞，目光羡慕。它看一阵，转圈跑一阵，毫无道理地咬草。它在恨自己不会跳舞，尤其恨自己不会跳向前并向后弯腰的舞蹈。还是当人好啊，这是我替小白狗说的话。但人和人不一样，我比小狗更惭愧。我想了想我会啥，其实不会啥，会的一两样东西也没啥大用，不及两岁学哈萨克舞蹈，跳一辈子。

我忘不掉哈萨克儿童跳舞那一幕。青草在他们脚下生长，他们背后是灰色的浓云，阳光却明亮地洒下来，草的缝隙里透出黑黑的泥土。

几天后，我在喀纳斯的禾木河边又看到了跳舞的哈萨克孩子。他们在河岸边上跳舞，河水里倒映着孩子们跳舞的身影。我索性不看岸上的孩子，看他们在水里的身影。孩子们快乐地蹦蹦跳跳，一个戴白帽子的男孩弹奏一只椭圆形的江布尔冬不拉。孩子们的胳膊在水波里伸展，他们的身影和蓝天一同印在水面上。看水里的舞蹈者，腿最可观，一蹦一蹦像踩着天。一片树叶漂过来，足以扰乱他们的身影。水面上飞过白鸟，青山在水里只剩下清清的一线。水面静下来后，孩子们还在河面倒立舞蹈，他们掐着腰，抖着肩膀。河水用轻柔的波纹一下一下地摸他们的脸。

水碗倒映整个天空

图瓦人布云的家里没有杯子，只有碗。他家人喝酒喝茶用的是从巴基斯坦买的铜碗。布云说："玻璃杯是不好的，像人不穿衣服一样。酒和茶的样子被人们看到了，它们会羞愧。"

"谁们羞愧？"我问。

"酒、茶、水、汽水它们，不好意思呢。"

"那你用瓷杯子吗？"我问。

"瓷杯子嘛，我在布尔津的饭馆里见过。酒在里面憋屈，那么小。你知道，酒不愿意待在小东西里，它喜欢大缸（他指了指西边，西屋的大钐刀边上放着布云酿的骆驼奶酒的酒坛子，他喜欢管它叫缸），还喜欢待在皮囊里，最小的地方也是酒瓶子里。"

我在布云的家里用巴基斯坦的哈扎拉（蒙古人支系）人制造的大铜碗喝奶和奶茶。一条小河从他家的窗户下流过去，河水泛青。我在新疆看过的河大多是青色的，如冻石一般，只有伊犁河黄浊，他们说用伊犁河水煮出来的羊肉最香。在喀纳斯——这里是图瓦人和哈萨克人的乡土——青碧的河水在戈壁石的河床流过，激起细碎的白浪花，像啤酒沫子一样。河水绕过松树，流入白桦林里面。落叶松像山坡上睁着眼睛张望的狍子。松树的阳面微红，像肉煮到五成熟那种鲜嫩的粉红色，而背阴的树干呈褐黑色。落叶松的脚下撒满去年的松针，冬天，这些松针保管在干净的积雪里。雪化后，松针一片金黄。落叶松落下这么高贵的松针，真有点儿可惜。如今松树枝头长出新叶子，像肉色的小松塔或小花蕾。山坡上，松树错落排列，似僧侣下山散步，走进布云的家喝茶。

布云听说我去过俄罗斯的图瓦共和国，喜欢听我讲这个国家的一切，特别是总统的事情。我说："他们的总统四十多岁，笑眯眯的，背着手逛商店，或者坐在广场长椅上晒太阳。"

布云听得眼睛亮晶晶的，他把嘴角上拉，说："是这样子吗？总统笑眯眯的？"

我说："正是，总统右手无名指戴了一枚镶琥珀的银戒指，左手食指戴一枚镶西藏松石的银戒指。"

布云摸自己的左手和右手，说："我也要有那样的戒指，人人都可以有银戒指。"

"我的故事讲完了，该你吹楚尔了。"我说。

布云从墙上摘下用芦苇做的笛子——他们叫"楚尔"，用嘴角轻轻吹。旋律轻柔而忧伤，仿佛在叙说湖水、雾和白桦林的样子。我觉得梅花鹿如果会吹笛子，吹的一定是楚尔，它的音色表达的正是动物的心情。松鼠看见露珠从松针垂直坠落，羊羔在河边看见一条小鱼卡在水底的石缝里，猫头鹰看见月牙坐在松树的枝杈上，后背让露水打湿了。布云的楚尔正在表达这些境况，简单，说幼稚亦无不可。布云本人就很简单幼稚，愿长生天保佑他越来越简单，越来越幼稚。在这里，奸诈没有一点儿用处。

我拿铜碗，舀一碗泉水喝（布云的泉水从山腰取回，放在维吾尔人的大铜壶里，他认为水和铜相互喜欢）。我走到房门外边，见绊着马绊的马两个前蹄一起往前蹦，找新草吃。黄色的山羊群急急忙忙跑过来，白云像围脖一样遮住山的胸口却露出山峰的脸。我低头喝水，看见碗里竟然有玫红的霞光和刺眼的蓝天。碗装下了这么多东西，真是比杯子好多啦。

说汉语的嘴

新疆作家刘亮程评论我的相貌，他说：“你长得不像蒙古人（我心里很不高兴），你长得像汉族人（也高兴不起来），你的鼻子是蒙古人的鼻子（五官之一官有谱了），你的脸正面窄侧面宽（有这样的脸吗？），这是马和欧洲人的脸（没听说，欧洲人是从马那儿进化来的吗？），你的嘴是汉族人的嘴。”

汉族人的嘴？人的头发与皮肤的颜色、鼻梁和眼睛常常是种族标志，嘴也分族吗？多年来，我每天都见到许许多多汉族人的嘴——在街上和各种场合。你见到一位汉族人，同时也见到了他的嘴——这些嘴一样吗？我没想过。汉族人，如果彼此没有血缘关系，自然各有各的嘴。我是说，汉族虽然特别推崇统一，但不一定有统一的嘴形以区别于其他民族。刘亮程说这话时，我迅速浏览在座人士的嘴，他们中有六位是汉族，两位是维吾尔族。我粗略判断，他们具有八种样式的嘴，其嘴长、嘴宽、唇厚和嘴唇的颜色（中医说唇色取决于脾经，而非取决于民族）各有千秋，看不出什么奥秘或门道。我的嘴呢？我借机去洗手间照镜子观看吾嘴，没看出汉族性。

嘴作为人体器官，不能抱着研究的目的去看它。世上有“嘴学”吗？没听说。你专注地盯着嘴看，越看越毛，好像不是自己的嘴了。你会想，我的嘴怎么成了这样（你想怎么样？）？噢，它是这样的（是这样）。我们每天用嘴吃饭喝水撒谎，只重功能，忽略了它的特征。汉族人的嘴——我看着我的嘴想——是什么样呢？唐诗宋词之汉族，书同文车同轨之汉族，五千年文明缔造者之汉族老大哥的嘴是什么样？有多少样呢？这真是巨大艰深的学问。刘亮程怎么说我有汉族人的嘴呢？汉族人居于山东兮山西、河南哉河北、海内其海外，海了。汉族人因为吃的东西不一样、水土不一样，嘴也该不一样吧？呵呵。

我没看出我的嘴隶属于哪一族，却想起语言学家说过：每种语言的发音，将对这个民族人员的下颚口唇的结构产生进化性的影响。我不懂法语，听法国人讲话有“空、若、帕、瑞”等音，其女人嘴唇丰润柔软，男人嘴大而宽，演员贝尔蒙多不正是这样吗？当然这也可能是由吃牡蛎、喝葡萄酒形成的。这样的嘴与喝玉米楂子粥、开口“干啥干啥，整两盅”的东北汉族人的唇态不一样。

我对刘亮程说，我嘴成了这样，跟我爸我妈的嘴确实不一样，这是说汉语说的。他们一直在讲蒙古话，嘴唇朴厚，而我讲汉语讲太多了，轮廓不鲜明了，这也是脾经薄弱的表现。以后填表，民族填蒙古，括号：嘴汉族。这个嘴喝小米粥、吃酸菜粉条、唱汉族歌曲“辣妹子辣”、读汉文报纸，进化（也许是异化）到长江流域去了。

我喜欢蒙古语，它像一个心灵花园，听与说蒙古语如同闻到带露水的青草味。这个语言对我意味着史诗和民间故事，这是我的曾祖母千百遍讲过的瑰丽情景。它是被奶茶浸泡的木碗的花纹，是牛粪的气味，是马身上的汗味，是从脚下到天边的草原。可是我跟谁说蒙古语？到哪里去倾听这种语言呢？对这种语言而言，我是一个弃儿，像身不由己的草籽，被风吹到陌生之地生根发芽，长出了异样的嘴。

嘴做的大事是吃饭喝水，但在这个事里，嘴仅仅是入口。像看电影一样，入口不放影片，影片放映在电影院的银幕上。对语言和心灵来说，嘴是出口，是发生语言的地方。心灵和口唇一同创造语言，述说关于爱和被征用的土地，清泉或大楼，花朵与工厂，露珠与水泥马路。嘴边经过了诚实与奸诈、歌声与哭喊。嘴是假话之源头，嘴也是伤害、嗔怒、烦恼的根源。嘴是甘泉，也是地狱。嘴是历史。

我带着我的嘴吃吃喝喝，游走八方。我怎样改造我的嘴使之蒙古化呢？今年入夏，我打算在牧区待到秋天。我要带一个小镜子，一边说蒙古语，一边照镜子，让它慢慢回到草原上。

微光里的蜘蛛

我妈有时会相信征兆一类神秘的提示，如果左眼或右眼跳，都让她心神不安。我十二岁时候，在夏天，我坐在炕头的被子垛上读书，头接近报纸糊的顶棚，可以俯视众生。傍晚时分，透过西边射来的微红的光线，我看到玻璃窗上爬过一只小蜘蛛。

我跳下被子垛，告诉我妈，西边爬过一只小红蜘蛛。

我妈正用豁齿的菜刀剁喂鸡的萝卜缨子，她听了一怔，问，红蜘蛛？

对，报喜蜘蛛，我说。其实这个蜘蛛只是背上有一点夕阳的微光。

我妈若有所思地点点头，问我，从西边爬过来的吗？

我说，对，从西边窗户第一块玻璃爬到了第二块玻璃上。

我妈用围裙擦手。西边？她说，你姑姥姥要回来了？

我说，肯定是。我姑姥姥其木格住在呼和浩特，在赤峰西边。

蜘蛛爬过来是有亲戚要来吗？她问我。

对呀，这是我听家属院的人说的。

像左右眼跳这些事都是汉族人的讲究，我妈并不知道，她是听我说的。盟公署家属院百分之八十是汉族人，小孩在一起玩，获取信息。在我向我妈报告这些民俗学知识时，顺便加一些我编撰的内容，比如蜘蛛爬窗预兆有亲戚来串门就是我上礼拜创作并告诉她的。

我妈陷入沉思。那个时代，家庭没有手机和座机，靠写信沟通信息。那个时代更鲜明的特征是“文革”正在进行中，我爸已被关进监狱。我姑姥爷义都合西格是蒙古史专家，仅这一条，他也会被关进监狱。那时候，获取亲戚的生死下落是心中大事，但谁也不敢写信，所有的信都会被拆开检查。蜘蛛报信更安全一些。

我妈盯着我问，你真的听说蜘蛛爬窗户是有亲戚来串门吗？

对呀，我以坚定的信心回答她。

你没撒谎吧？她问。我妈最恨撒谎。

没有，我挺直腰杆回答。我小时候十分喜欢撒谎，没少挨我妈训斥。

我妈眼睛湿润了。如果我不在边上，她肯定撩起围裙擦泪水。她的姑姑比她大三岁，她们从小一起长大，情同手足。姑姑会来看她吗？也有可能。不光蜘蛛爬过了窗玻璃，姑姥姥的老家就在赤峰的巴林右旗。

蜘蛛在哪儿呢？我妈问。

我和我妈一起上炕。从这儿爬到这儿，我指着窗上的玻璃说。

蜘蛛呢？

蜘蛛怎么会待在玻璃上等待我们发动思念呢？我假装找了找，说爬走了。

你没撒谎吧？我妈妈看我，在我脸上寻找撒谎的痕迹。

我很气恼，挺胸遥望窗外，说蜘蛛确实爬过。

我妈点点头，说，你姑姥姥好多年没回来了，该回来了。她回来，证明她家里很平安。

对，我说。

从第二天起，我妈脸上一副喜悦的神情。她从箱子底拿出一块舍不得用的新塑料布铺在炕席上。塑料布蓝地白花，发出工业的芳香气味。她找出我姐用白棉线钩的图案花帘子，蒙在红箱子、书架和收音机上，这是过年才拿出来的装饰物。

她对我和我姐说，你姑姥姥来了，你们要听话。如果她问你爸干啥去了，你们就说下乡了。

我们点头。

她却低下头，眼泪成串滴在膝盖上。我爸被定为“内人党”，关在昭乌达报社私设的监狱里，被造反派轮番吊打十五个昼夜，身上骨折七处，把他活活打疯了，患有罕见的外伤性精神分裂症。当然我们后来才知道这些。

我妈掏出手绢，在膝盖上叠成小方块，擦眼泪。她的眼泪越擦越多。

你们记住了吗？她抬头说。

我们点头。我姐说，到时候，你不能哭。

我妈点头，又流泪。

呼和浩特到赤峰的火车晚上到站，我妈每天晚上去接站。我有点儿不安，想告诉她蜘蛛的事是我瞎编的，但肯定挨打，只好挺着不说。我妈下班给我们做完饭，她不吃，急忙赶到火车站。她每天穿一身干净衣服，脸上带着期盼的表情去车站。回来后神情落寞，独自坐很长时间。我感到犯下了莫大的罪行，不敢看我妈。

我妈往火车站跑了一个多星期。一天晚上，我硬着头皮对我妈说，可能……好像蜘蛛，是从东边爬到西边玻璃上的。

东边？我妈几乎跳起来。你好好想想，是东边吗？

我伸出手，在空中从东往西、再从西往东比画，说，是的，蜘蛛从东边爬过来，爬到了西边。

噢，我妈坐在炕沿上，没说话。我大伯在东边的哲里木盟。

我妈坐炕沿上想了很长时间，临睡前，她把铺炕的蓝塑料布和白棉线钩的花帘子收起来。我大伯布和德力格尔是农民，那时也在挨斗。我曾祖母努恩吉亚原来住我家，由于我爸是“内人党”，曾祖母被撵到乡下我大伯的家里。

第二天早上，我妈说，你帖帖（蒙古语，曾祖母）可能要回咱们家了，你大爷挨斗，她住不下去了。

肯定是这么回事，我附和。

我妈点头。从那天起，她找人用玉米面换了一点儿白面，迎接我曾祖母的到来。晚上，她开始去汽车站接站。曾祖母要来的话，坐汽车从通辽来。我真盼着我帖帖来，要不然，我妈接站不知要接到什么时候。

我妈接站接到第三天，真接到了从科左后旗来的姐姐斯琴和姐夫金山，他们是我大伯的女儿女婿。在汽车站，他俩见到我妈就双双跪下，伏在地上说：婶子，帖帖过世了。

他们三人到家，眼睛都是红的。我妈做了玉米面粥，端上来，他们谁也不吃。斯琴突然抱住我妈放声大哭，声音大得吓人，金山脸上爬满眼泪。曾祖母去我大伯家之前，要求见我爸一面。我爸被单位的人押着回家，他苍白浮肿，耳朵眼和鼻孔里都是血痕，脸是新洗过的，走路踉踉跄跄。曾祖母不懂汉语，但我爸被告知不许说蒙古语。他对着他奶奶目光茫然地背毛主席语录，背了五分钟，算是对曾祖母说的话，之后被押走。

他走后，曾祖母只说了一句话：我孙子活不成了。

后来她没再说话，回到哲里木盟也不说一句话，竟日卧炕，两个月后死了。

斯琴和金山来我们家告诉这个消息。我妈拿上家里的钱，给大伯大娘带点儿衣物。第二天一早，他们仨去了科左后旗，为曾祖母料理后事。

为库尔勒香梨充电

我在机场候机，见一乘客把手机充电器插进墙上的电源，另一端插在一只绿里透黄的库尔勒香梨上，然后看杂志。杂志是《商业周刊》。

这个人装束整洁，虽有白发但穿西裤。我的意思是说他并不像精神病患者。

过了一会儿，他把充电器插口从梨上拔出来，插在一只草莓上，接着看报。见此，我并没惊讶、大笑或双脚跳起来，如这样我倒像精神病。我觉得他的行为都可归到无害社会的个人自由里面，不受歧视。我觉得他也许比那些装腔作势的人更有趣，写一封表扬信偷着塞进他的口袋里未尝不可。

他把插头从草莓上拔出来，在黑帆布包里翻可以充电的东西。翻了半天，没找到东西。他拿出一瓶药，看了看，放回去，药瓶上没有充电器接口。接着，他翻出一盒奶，取吸管喝下去，把充电器插头插在空纸盒上。他一定要把国家的或者叫机场的电弄出一些来。曾有人对我说，如果总也不看电视容易把电视机憋爆；电视机里面的新闻和电视剧的信息量太大，你得让电视机把信息释放出来。眼前这个人可能怕机场的电太多了不安全，才把电输入香梨、草莓和空纸盒里，就像中医拿针扎患者的十指放血，他们说这对脑出血病人尤有急救之功。

这个人看我在注视他，从纸盒上拔下充电器的插头，对我点点头。我庄重地对他点点头。我怎么能不庄重呢?大笑或鄙视都不合适，庄重才对路。

有一次，也是在机场，一位四十多岁的女士行走间从前胸的衣服下面掉下一只奶。我说的奶不是乳房，是塑料袋装的牛奶。实话说，这让我稍稍吃惊了一下，我看到她胸前一侧的乳房马上瘪了。我一直认为女人的乳房是人的乳房，没想到也可以有牛奶去上面站岗。她弯腰捡起这袋奶，恰好经过我身边，对我说："焐一焐，热乎。"我庄重地对她点点头，她笑一下走了。其实她完全可以不对我解释，她有权利做这件事，这件事对人对牛对机场对航空安全都没有损害。我知道，她会在心里怨恨我，因为我看到了牛奶像兔子一样从她怀里蹿出来，但我是无辜的。遇到别人的窘境，除了点头，我还有一个办法是对天花板翻白眼。我媳妇说翻白眼很像盲人，这个动作我不怎么做了，光剩下点头。

上面说的这两个人，有人会觉得他们怪，我不觉得怪，只不过与众不同而已。如今人们做事过于功利，不做一点儿无用功。人像机器一样，像齿轮和螺丝钉一样，只做“有用”的事。这样做，除了谋生的需要，并没有其他的美感。如果你觉得为香梨充电愚蠢，证明你理性且无趣。儿童们看了此景一定欢呼，这正是他们想看到的事情。儿童的可爱就在他们创造了许多无功利的行为。比如，孩子们拿奶瓶为布娃娃喂奶，把青草揪成碎末放进碗里当菜。孩子们心里明白青草不是菜，但宁愿相信它是刚炒的一盘味道绝美的佳肴，而且假装吃，很快就吃完了。他们脸上的满意比吃一盘真菜更真实，让成人羡慕不已。成人，无论吃青草末或吃真菜都没有幸福感，功利心剥夺了成人虚拟幸福的能力。如果不功利，好像更不幸福，现实生活的房子车子孩子和老人都不吃青草这一套。

我见过一人在饭桌上取出手机，打开后盖，在装电池的地方挑出一根牙签剔牙，装电池的地方整齐地排着许多截短的牙签——手机对他来说不过是牙签盒。我在图瓦共和国见到一人在燕子脚上绑一封信，后来这个燕子捎来了回信。图瓦人找了很多人辨识这封信，才知道这是一封用孟加拉文写的回信：“我们的荞麦已经熟了，你们的呢？”图瓦人的去信写的是：“我老婆已经三十岁了，她长出了第一根白发。”用俄文写的，估计种荞麦的孟加拉人没看懂。

这些“怪事”让我很开心。我知道我无趣并发现很多人像我一样无趣，我们都变成了机器。当有人不按既定的程序办事，我看到殊为欣喜，为他身上的活泼生机而高兴。我很想和那个为库尔勒香梨充电的人热烈握手，表示祝贺，但没敢实施。这些事，哲学上称之为游戏，人达到温饱之后即开始琢磨游戏。为香梨充电之类是小游戏，有些大的游戏是大人物展开的。当一些神圣的话语响起时，我知道游戏又要开始了……

用筛子筛水

我看见一个人猫腰在水库边上筛水，身后是绿中带黄的毛竹林，林梢的竹叶成团旋转，像钻进了一窝蛇。水比竹林的颜色绿，如一大块切不开的翡翠扣在地上。这地方属余杭，越过一座山就到了安吉。

银锭形的水库包住湖心的山。水面无一丝波纹，好像自古代起就没有波纹，鸟都不敢到水面落一下。

筛水的人站立在水边的大石上，手端一米多宽的大竹笸箩在水里筛。笸箩由竹篾或木篾编造，边沿包一个自行车旧轮胎，他可能在洗菜或洗草药。我走一圈回来，见笸箩里空无一物。他也可能在淘金吧。淘金千淘百漉最后可能淘到一坨二斤重的金疙瘩。然而，淘金都在河滩淘，水库里有金子吗？

我走到跟前观看。这个人身穿印英文的T恤衫，脚踏拖鞋。他用笸箩舀水，筛筛，水漏走；再舀水筛之。我忍不住问：您筛啥呢？他说筛筛水。啊？我差点儿被吓跑，筛筛水！我问筛多少了？他转身看水面。说：不到十分之一。

筛完得多长时间？我问。

他边筛边答：两年吧。

我想乐，没敢。有一位中国艺术家在英国某地路边捡了一块石子。他揣这块石子徒步行走了一百一十五天，环绕英伦走回来，把石子放在原来的地方。记者问他这么做是为了什么，他答：让石子看看风景。记者问：还有吗？艺术家答：让石子回到原地。

筛水比带石子旅行更深奥并东方。看穿戴，筛水的人不像行为艺术家。其实我有许多问题想问他。你是吃饱撑的吗？这是第一个问题，可以不问。你是精神病患者吗？第二个问题也可以不问。你失恋了吗？也不能问。问啥呢？

我说：我帮你筛一会儿。

他乐了，说：好，我抽支烟。

我端起笸箩筛水，没等筛两下水漏没了。我把笸箩还给他。

你筛水干吗？我问。

他用白眼翻我一下，好像答案写在他的眼白里。

嗯，他是问题二，精神病。

古代所谓“愚公移山”的故事在这个柳暗花明的水库重新上演。愚公一锹一镐把山搞碎搬走，此人以笸箩要把水库的水筛一遍。他有五十岁了，能把水筛完吗？这样的问题不能问，像瞧不起人。我再次打量此人，他头发很短，少许白。面黑少肉，身架如农民。我不懂英文，不知他T恤上的英文印着什么。英文也许是：我是不像艺术家的大艺术家。

你是这个村的人吗？我问。

上个村的，他答。

他志向高远，不愿与平凡人交谈。我与他惜别，在心里祝他早日把水筛完并治好精神病。我看他的眼神、胳膊（精神病患者的胳膊伸不直），比较正常。是不是有人拿钱让他在这筛水呢？那么，拿钱的那个人有精神病吗？胳膊直吗？我年纪越大越感到凡事不可妄评，遇到一个奇怪的人，只能证明你见识少，不证明其他。

我回村里，路遇桶装水厂的老板，他是杭州人，正坐在石头上长篇大论训斥他的小黄狗。小狗先坐着，后来被训得躺在地上闭上眼睛。

我问老板，水库里有人筛水是怎么回事？他答：筛个屁，水是筛的吗？他做药引子。

药引子？不能用一水库的水做药引子吧，那得熬多少药啊？全浙江的人吃也吃不完。

他说：那个笸箩是黄杨木皮做的。他这个人有肩周炎，中医说拿黄杨树皮做个笸箩筛水九千九百九十九次，再把树皮煎水喝就好了。他做了个黄杨木皮的笸箩搞这个，搞一个月了。

我明白了，中医的部署。

过了几个月，我遇见一位中医，就此事向他请教。中医笑了，说这里边有一个关子。你非杏林之人，本不该对你说，说了也没啥事。古代医疗资源缺乏，好多医方是谋略。医家本来就跟兵家相通。这个筛水或煎水只是个幌子，黄杨木也是个幌子。大夫在用动功治他的肩周炎，明白不？筛不了九千遍，病就好了，架不住肩膀老动，筋拨开了。之后用黄杨木煎水喝，那是治好了之后的事了。这些事关键在于你信还是不信，人是不是老实。所以医家常说，傻子去病快，治聪明人的病反而慢，信则灵嘛。

照片和木梳掠走的时光

我爸在报社工作时，请摄影记者到家里来照相（但记者更愿意说他是在摄影）。我家因此比别人家多出一些黑白照片，镶在镜框里。

摄影记者名字叫杨义，他三十多岁就叼一只烟斗，细眼，脸常带笑容。被杨义摄影要具备胆略。他左手高举闪光灯："别动！"低头看莱卡相机的取景框："别喘气！"杨义眼睛眯得愈细，表示他真的要摄影了。啪！闪光灯爆响，炫目之光直取人面。

我们每次都吓一跳，脸可能吓白了。闪光灯爆裂的声音很大，它用短路的方法放射照相需要的一丈光芒。杨义微笑着，关上莱卡相机厚厚的皮盖，叼起烟斗，我爸划火柴替他点烟斗。

照相时，杨义让我们笑。"就像我这样。"他嘻嘻笑着。我不知道（现在也没弄明白）照相为什么要笑。我家照相之际，窗玻璃堆满向屋里张望的脸庞，大人或小孩的脸。他们严肃地惊奇地观看照相（或摄影）的全过程，而我们竟在笑，其实连哭的心都有了。闪光灯啪地爆响后，窗外趴着的人逃走一多半，我姐吓得钻进挂蓝花布帘的高桌底下，我爸用手攥住炕沿。我照相时被闪光灯吓到，留下惊魂之态。杨义说："你看，浪费一张胶片，这是国家财产。"其实笑这个事真不是说笑就笑的，我们后来才渐渐会笑。我们对闪光灯大骇之际，杨义很满意，他不知看过多少张被闪光灯吓坏的脸。

杨义给我家留下不少照片，我妈看《人民画报》、我姐跳舞、我穿灯芯绒小褂举纸旗抗议美国出兵巴拿马都有照片，我们都在笑。但我们还是不愿照相，一来闪光灯可怕，二来笑更可怕，三来要回答家属院里小孩、老婆子的咨询："照相疼吗？腿抽筋吗？"没办法。

我爸常常不征得我们同意就把杨义请到家里，我们略微表示不想照相，我爸立刻大发脾气，摘帽子摔在桌上，咬牙，出汗并擦汗。杨义理解我爸的心情，哄我们把相照上。那时候，照相（对不起，摄影）特别是照生活照并不容易。

回想这些照片（大多数没了），忆念最深的是我妈给我姐梳头的一幅照片。照片上，我妈身穿苏联式大翻领毛料西服（袖子挽着，衣服买大了）给我姐塔娜梳头。看上去，我姐四五岁，我妈三十岁左右。我妈梳头时表情羞涩——给女儿梳头不须羞涩，估计是穿西服或杨义讲了什么笑话让我妈不好意思了。

我不时地想起这张照片。今年过年，我妈和我姐坐着聊天，我心想你们咋不梳头了？母亲给女儿梳头是乐事，木梳顺乌黑的头发梳下来，头发像水从梳齿里流出。我妈给我姐先梳头再编辫子，最后系两个粉色的蝴蝶结，这个闺女就算打扮好了，塔娜将嗖地冲出房门跟别人跳皮筋去了。我记得我姐更喜欢给我妈梳头。我妈也留大辫子，塔娜不会编辫子，她一遍一遍梳我妈的头发，脸上带着笑容，像享受。

有时，人会无端地探究时光从哪里溜走了。想不出时，人用一些比喻说时光之逝。比如沙漏，时光像沙子一样漏走；比如钟表之针，走着走着赶尽了光阴。朱颜凋于镜里，时光何尝未从木梳齿的缝隙里溜走呢？木梳还在（当年的木梳早不在了），人的乌发被它梳没，头发和时光一道被木梳掠走。才知道，木梳是一个藏在我们身边的抢劫犯，早应抓起来。木梳之齿也是牙齿，吃掉了头发和光阴。

想到我妈和我姐互相梳头的情景，还想起我家满墙糊着报纸，我几乎读过上面的每一个字。南越的阮文绍和吴庭艳，南韩的李承晚都是在那时知道的。窗外长一排向日葵，金黄的大脸盘上蜜蜂缭绕。从屋门走出，看见窗下栽一排鸡冠花，如金丝绒一般华贵。我爱把脸贴在院子东边的电线杆子上听电流的声音——嗡，里面有电和电报与电话，这是大人告诉的。但我们听不到，特务也不一定能听到。

有一次，杨义上我家照相，这回是给我爸照。他参加八省区翻译工作会议，需要一张照片贴在会场的光荣榜上。杨义把贵重的摄影器材从包里掏出来，还没照，闪光灯就爆了，对着地上的铁炉子。我爸十分不解，他问："先照炉子吗？"杨义嘟嘟囔囔说了些什么。这像擦枪走火一样，显然杨义误搂扳机消灭了一个灯泡。杨义从包里翻出一个灯泡安在闪光灯上，说："老那，就这一个灯泡了，你必须配合好，腰挺直。"我爸迅即挺直腰板，说"是"。他当过兵。杨义的照相机不知又出了什么毛病，他嘟嘟囔囔鼓捣。我记得我爸腰板笔直站立，抿着嘴，目视前方，汗流进扣着风纪扣的毛料中山装的领子里。我妈哈哈笑，拿毛巾让他擦汗。他生气了，大喊："别碰我！"相机修好了，闪光灯对着我爸而不是炉子爆响。在闪电一般的白光里，我爸像烈士一样坚毅，随后坐在椅子上，解衣扣，闭目喘粗气。这张照片找不到了，估计当年挂在墙上相当吓人——我爸豹眼圆睁，鼻梁笔直，抿着嘴，如同目睹山崩地裂。

第二辑　大地

初夏羞怯地来到世间，像小孩子。

初　夏

初夏羞怯地来到世间，像小孩子。小孩子见到生人会不好意思。尽管是在他的家，他还是要羞怯，会脸红，尽管没有让他脸红的事情发生。小孩子在羞怯和脸红中欢迎客人，他的眼睛热切地望着你，用牙咬着衣衫或咬着自己的手指肚。你越看他，他越羞怯，直至跑掉。但过一会儿他还要转回来。

这就是初夏。初夏悄悄地来到世间，踮着脚尖小跑，但它跑不远，它要蓬蓬勃勃地跑回来。春天在前些时候开了那么多的花，相当于吹喇叭，招揽人来观看。人们想知道这么多鲜花带来了什么，有怎样的新鲜、丰润与壮硕。鲜花只带来了一样东西，它是春天的儿子，叫初夏。初夏初长成，但很快要生产更多的儿子与女儿，人们称之为夏天。夏天不止于草长莺飞，草占领了所有的土地，莺下了许多蛋。夏天是一个昏暗的绿世界，草木恨不能长出八只手来抢夺阳光。此时创造了许多阴凉，昆虫在树荫下昏昏欲睡。

然而初夏胆子有点儿小，它像小孩子一样睁着天真的眼睛看望四外。作为春天的后代，它为自己的朴素而羞怯。初夏没有花朵的鲜艳。春天开花是春天的事，春天总是有点儿言过其实。春天谢幕轮到初夏登场时，它手里只带了很少的鲜花，但它手里有树叶和庄稼。树的果实和庄稼的种子是夏天的使命和礼物，此谓生。生生不息是夏天之道。

初夏第一次来到世间，换句话说，每一年的初夏都不是同一个夏天，就像河流每一分钟都不是刚才那条河流。在老天爷那里，谁也不能搞垄断。夏天盼了许多年才脱胎到世间，它没有经验可以利用。往年的夏天早已变为秋天与冬天。夏天的少年时光叫初夏，它不知道怎样变成夏天。每当初夏看一眼身边的葱茏草木都会吓一跳，无边的草木都是奔着夏天来的，找它成长壮大。一想这个，初夏的脑袋就大了，压力也不小。初夏常常蹲在河边躲一躲草木的目光，它想说它不想干了，但季候节气没有退路，不像坐火车可以去又可以回来。初夏只好豁出去，率领草木庄稼云朵河流昆虫一起闯天下，打一打夏天的江山。

初夏肌肤新鲜，像小孩胳膊腿上的肉都新鲜，没一寸老皮。初夏带着新鲜的带白霜的高粱的秸秆、新鲜的开化才几个月的河流、新鲜的带锯齿的树叶走向盛夏。它喜欢虫鸣，蛐蛐试声胆怯，小鸟试声胆怯，青蛙还没开始鼓腹大叫。初夏喜欢看到和它一样年轻幼稚的生命体，它们一同扭捏地、热烈地、好奇地走向盛大的夏天。

人早已经历过夏天，但初夏第一次度夏。它不知道什么是夏天，就像姑娘不知道什么叫妇人。这不是无知是财富。就像白纸在白里藏的财富、清水在清里藏的财富，这是空与无的财富。人带着一肚子见识去了哪里？去见谁？这事不说人人都知道。人带着见识与皱纹以及僵硬的关节去见死神，不如无知好。如果一个人已经老了，仍然很无知，同时抱有好奇心与幼稚的举止，这个人该有多么幸福。只可惜人知道得太多，所知大多无用，不能帮他们好好生活。

初夏走进湿漉漉的雨林。有人问它天空为什么下雨，初夏又扭捏一下，它也是第一次见到雨。这些清凉的雨滴从天空降落，它是从喷壶还是筛子里降落到地面？天上是不是也有一条河？初夏由于回答不出这些问题而脸红了，比苹果早红两个月。

初夏跑过山冈，撞碎了灌木的露水。它在草地留下硕大的脚印，草叶被踩得歪斜。初夏的云像初夏一样幼稚，有事没事上天空飘几圈。其实，云飘一圈就可以了，但初夏的云鼓着白白的腮帮子在天空转个没完，还是年轻啊。你看冬天那些老云窝在山坳里不动弹，动也是为了晒一晒太阳。初夏的云朵比河水汹涌。大地上的花朵才开，大地的草花要等到夏天才绽放。开在枝上的春花像高明人凭空绣上去的，尤其梅花，没有叶子的帮衬。

而草花像雨水一样洒满大地，它们在绿草的胸襟别上一朵又一朵花，就像小姑娘喜欢把花朵插在母亲的发簪上。

初夏坐在河流上，坐在长出嫩叶的树桩上。初夏目测大地与星空之间的距离。它寻找春天剩下的花瓣，把它们埋在土里或丢在河里漂走。初夏藏在花朵的叶子下面等待蜜蜂来临。初夏把行囊塞了一遍又一遍，还有挺多草木塞不进去。要装下这么多东西，除非是一列火车。

春天是改革家

四季当中，春天最神奇。夏季的树叶长满每一根枝条时，花朵已经谢了，有人说："我怎么没感觉到春天呢？"

春天就这样，它高屋建瓴。它从事的工作一般人看不懂，比如刮大风。风过后，草绿了；再下点儿雪，然后开花。之后，不妨碍再来点儿风，或雨，或雨夹雪，树和草不知是谁先绿的。河水开化了，但屋檐还有冰凌。

想干啥干啥，这就是春天的作风。事实上，我们在北方看不到端庄娴静的春天，比如油菜花黄着，蝴蝶飞飞，柳枝齐齐垂在鸭头绿的春水上，芽苞鹅黄，黑燕子像钻门帘一样穿过枝条。这样的春天住在江南，它是淑女，适合被画成油画、水彩，被拍照和旅游。北方有这样的春天吗？没见过。在北方，春天藏在一切事物的背后。

在北方，远看河水仍然是白茫茫的冰带，走近才发现这些冰已酥黑，灌满了气泡，这是春天的杰作。虽然草没有全绿，树未吐芽，更未开花，但脚下的泥土不知从何时泥泞起来。上冻的土地，一冻就冻三尺，是谁化冻成泞？春天。

像所有大人物一样，春天惯于在幕后做全局性、战略性的推手。让柳叶冒芽只是表面上的一件小事，早做晚做都不迟。春天在做什么？刚刚说过，它让土地解冻三尺，这是改革开放，是把冬天变成夏天——春天认为，春天并不是自然界的归宿，夏、秋和冬才是归宿或结果——这事还小吗？

春天既然是大人物，就不为常人所熟知。它深居简出，偶尔接见一下春草、燕子这些春天的代表。春天在开会，在讨论土地开化之后泥泞和肮脏的问题。许多旧大员认为土地不可开化，开化就乱了，泥泞的样子实在给“春天”这两个字抹黑。这些讨论是呼呼的风声，我夜里常听到屋顶有什么东西被吹得叮当响，破门拍在地上，旧报纸满天飞。这是春天会议的一点儿小插曲。春天一边招呼一帮人开会，另一边在化冻，催草根吸水、柳枝吐叶，把热气吹进冰层里，让小鸟满天飞。春天看上去一切都乱了，一切却在突然间露出了崭新的面貌。

春天暗中做的事情是让土地复苏，让麦子长出来，青草遍布天涯。“草都绿了，冬天想回也回不来了。”这是春天常说的一句话。春天并不是冬天到达夏天的过渡，而是变革。世间最艰难的斗争是自然界的斗争，最酷烈的，莫过于让万物在冬天里复苏。冬天是冷酷的君王，拒绝哪管是微小的变化。一变化，冬天就不成其为冬天了，正如不变化春天不成其为春天。春天和冬天的较量，每一次都是春天赢。谁都想象不到，一寸高的小草，可以打败一米厚的白雪。白雪认为自己这么厚永远都不会融化，如果它们是钱，永远花不完。积雪没承想自己不知不觉变成沟壑里的泥汤。

春天朴素无物，春天大象无形，春天弄脏了世界又让世界进入盛夏。春天变了江山即退隐。柳枝的叶苞就是叶苞，它并不是春天。青草也只是一株草，也不是春天。春天以“天”作为词尾，它和人啊树啊花啊草啊牛啊羊啊官啊长啊都不一样，它是季候之神，说来就来，说走就走。爱照相的人跟夏天合影、跟秋天合影、跟冬天合影，最难的是跟春天合一张影，它的脚步比咔嚓声还要快。

大　寒

大寒了，天空的鸟飞得很慢。跟往常比，鸟稀少的天空成了没有棋子的棋盘。一只大鸟在天上慢慢飞着，翅膀像冻住了，正缓缓复苏。鸟不知向哪里飞，飞到哪里都有北风。风往南吹，意思让鸟飞到温暖的南方生活，可是还有鸟不晓天意，仍留在北地。大地景色，在鸟眼里如在苏武眼里一样寒凉。雪在凹地避风，褐色的树枝被冻在地里，土冻在土上，大地悄无声息。

鸟一直听得见大地的声音。春天，地里发出的声音如万物裂开缝隙，许多东西悄然炸开。花开时，似鱼往水面吐泡，噗！花苞松开手露出手心的花蕊。夏季，所谓庄稼的拔节声来自大地而非庄稼。大地被勃发的植物扯开衣襟，合也合不拢，布不够用。拔节声是大地的衣衫又被撕开许多口子。夏天，大地只好做一个敞怀人，露出万物。秋季里，天地呐喊，鸟听到的喧哗比高粱穗的颗粒还密集。万物在秋天还债。果实落下，为花朵盛开向大地还债；五谷成熟，用粮食向河流还债。秋天的还债与讨债声比集市热闹。欧阳修听到喧哗自西南来，称："'异哉！'初淅沥以萧飒，忽奔腾而砰湃，如波涛夜惊，风雨骤至。其触于物也，鏦鏦铮铮，金铁皆鸣；又如赴敌之兵，衔枚疾走，不闻号令，但闻人马之行声。"这是干什么？这是万物在秋天的集会，打鼓敲锣，欧阳修称之为"秋声"。此声人类听不见，庄稼和鸟听得清。欧阳修比别人多了一个心窍，听到此声。他指使童子："此何声也？汝出视之。"童子哪里有这样的听力，回答："星月皎洁，明河在天，四无人声，声在树间。"人只能听见人声，其他声音都听不见或听不清，故此，童子"垂头而睡"。

大寒封闭了土地的声音，鸟呱呱啼叫，找不到土地的回声。大地的每一个缝隙都被寒冰冻死。寒冰不仅在河里，大寒的大地就是一块寒冰。在冰冻里，大地已经睡不醒了，冬眠的何止是小虫？大地冬眠久矣，暂别了所有的生灵。灰狼感觉大地陌生，它不懂春夏秋冬这些划分，在大寒这一天，狼懂得了命只是拴在饥饿上的一根草。佛法劝人常常面对、体悟、思考死亡，从死亡那里领取一份礼物。狼早就在这样做，它在饿死的考验中抽到了坚忍不拔的签。

大寒之后，鸟被大地抛弃了。地不再像家，家飘在了空空荡荡的天空。天空没有逶迤的河流，没有繁枝与花朵。大鸟用翅膀勾画河流和山峦的轮廓，它的羽毛刮破像玻璃纸一样冰冻的空气。空气的透明碎片落在雪地。

山峦消失于大寒之夜，山峰的峭岩被雪削平，山与山的距离缩短，山倒卧在雪里睡觉。从空中看，山脉不过是几道雪的皱纹。没有树和岩石，雪把大地变成平川。人说鸟在天空飞行要依赖脑内罗盘定位，但科学家没找到罗盘藏在小鸟脑袋的哪个部位。我想此事未必如此。如果我是鸟，会以河流为飞行定位。河水流向日落处，北岸高于南岸。河水白天流淌，夜里也不停，天空分出一半星星倒进河里。河岸的水草丛是鸟做梦和练习唱歌的好地方。河流是大地的绳子，防止地球在转动中迸裂。河流替鸟保管着喝不光的水，它是鸟的路标。

大寒里，水的声音逃逸，水被冰层没收。我常常想：冰冻时分，鸟到哪里喝水呢？野猫野狗的饮用水在哪里？投胎为走兽飞禽遭遇的第一个磨难是冬天没有水，第二个才是寒冷。但我宁愿相信它们能找到水。看到鸟群飞过寒冷的天空，我想它们已经喝足了水或飞往有水的地方。

大寒是不是大汗穿着隐身衣在白雪的大地骑马巡视？马也穿着隐身衣。泥土冻结在一体，灌木匍匐在地，大汗的马蹄无须落地已然驰远。大汗看到雪后的土地变厚，山峦变矮，冰把河流的两岸缝到了一起，大汗的疆域无限。鸟飞向前方报告大汗巡视的消息。大汗等待另一场大雪的到来，埋掉所有动物的脚印。

大寒的河流不流，鸟在冰上啄不出水，冰比玉石还硬。北风吹走河床的白雪，露出黑冰，如同野火烧过的荒地。

大寒把“寒”字种在了每一寸土地。寒让枯草的叶子像琴弦一样颤抖，寒让石头长白霜，寒让乌鸦的叫声如枝杈断裂。大寒是农历二十四个节气中最后一个节气。土地自大寒始启动阳气。阳的种子在阴极之日坐胎，夏日所有的炎热都来自于大寒这一天滋生的阳气的种子。此阳如太极图黑鱼身上的白点，阳在阴的包裹中生成纯阳。在节气里，阴极之日曰大寒。大寒是彻骨的冰炉，炼出滚烫的火丹。大寒种下的种子再等一个节气就要萌动，时在立春。阳气的种子如一粒沙，在大寒苏醒，它活了。人看不到阳气萌动，大地对此清清楚楚。

风到底要吹走什么

湖水的波纹一如湖的笑容，芭蕉叶子转身洒落了一夜的露水。晃动的野菊花仿佛想起难以置信的梦境，旗帜用最大的力气抱住旗杆，好像要把旗杆从土地里拔出——它们遇到了风。

风同时用最大和最小的力量吹拂万物。它吹花朵的气流与人吹笛子的气流仿佛，风竟有如此温柔的心，这样的心让湖水笑出皱纹。水原本没有皮，风从湖的脸上揪出一层皮，让它笑。风到底想干什么呢？风让森林的树梢涌动波涛，让树枝和树叶彼此抚摸，树枝抽打树枝，树叶在风里不知身在何处。风在树梢听到自己的声音变为合唱，“哗——哦——”，这声音如同发自脚下，又像来自远方，风想干什么？风不让旗帜休息。旗的耳边灌满扑啦啦的声响，以为自己早已飘向南极。

风从世界各地请来云彩，云把天空挤得满满当当。风是非物质遗产手艺人，为云彩正衣冠、塑身材，让云如旧日城堡、如羊圈、如棉花地、如床、如海上的浪花、如悬崖、如桑拿室、如白轮船。风让云的大戏次第上演，边演边混合新的场景。剧情基本莎士比亚化，复仇、背叛和走向悲剧的恋爱在云里实为风里爆发。而风，没忘记在地面铺一条光滑的气流层，让燕子滑翔。风喜欢看到燕子不扇翅膀照样飞翔与转弯，风更喜欢燕子一头冲进农舍房梁的泥巢里。秋毫无犯啊，秋毫无犯。这是风对燕子的赞词。

风吹麦地有另一副心肠。它摩挲麦子金黄的皮毛，像抚摸宠物。麦子是大地养育的奇迹之一，黄金不过是之二。大地原本无好恶，无美丑，无奇迹。大地养育毒蛇猛兽，还会分别万物吗？可是麦子不同，麦穗藏的孩子太多，每条麦穗都是一大家子人。麦粒变成白面之后，世上就有了馒头面条。上天喜看饥饿人吞吃馒头面条比皇帝满足。人虽坏，也得活，是五谷而非金融衍生品养育着他们。植物里，麦子举止端庄，麦穗的纹样被人类提炼到徽章上。风吹麦地，温柔浩荡。风来麦地，又来麦地，像把一盆水泼过去，风的水在麦芒上滚成波浪。风一盆一盆泼过去。麦浪开放、聚拢，一条起伏的道路铺向天边。麦穗以为自己坐在大船上，颠簸航行。

风从西伯利亚向南吹拂。春天，风自苔原的冻土带出发，吹绿青草，吹落桃花与杏花的花瓣，把淡红色的苹果花吹到雪白的梨花身上，边跑边测量泥土的温度。风过黄河不需桥梁，它把白墙黑瓦抚摸一遍，吹拂江南蛋黄般的油菜花，继续向南。风听过一百种叽里呱啦的方言，带走无数植物的气息，找到野兽和飞鸟的藏身地。风扑向南中国海，辨识白天的岛屿和黑夜的星星，最终到达澳大利亚的最南端。在阿德莱德的百瑟宁山，风在北方的春天见到这里的秋天。世上有两样存在之物无形，它们是时间和风。风说：世间只有速度，并无时间。风一直在对抗着时间。

风吹在富人和穷人的脸上，推着孩子和老人的后背往前走。风打散人的头发，数他们每一根发丝。风吹干人们的泪痕。风想把黑人吹成白人，把穷人吹成富人，把蚂蚁吹成骆驼，把流浪狗吹回它的家。风一定想吹走什么，白天吹不走，黑天接着吹。风吹人一辈子和他们子孙一辈子仍不停歇。谁也不知风到底吹走了什么，记不起树木、泥土和花瓣原来的位置。风吹走云彩和大地上可以吹走的一切，风最后吹走了风。

我至今尚未见过风，却时时感到它的存在。沙尘不是风，水纹不是风，旗帜不是风。风长什么样呢？我一把年纪竟没见过风。风与光一样透明，一样不停歇，一样抓不住。不知不觉，风吹薄了人，吹走了人的一生。

根河的夜

蒙古史诗《江格尔》里写道：江格尔是唐苏克本巴可汗的孙子，乌仲阿拉德尔可汗的儿子。江格尔在银白色的额尔敦山的南麓建了一座金宫殿，这个宫殿好高，“离白云只有三指宽的距离”。《江格尔》还说，在江格尔身边围绕着十二员虎将和八千个“宝通（野猪）”。这么多野猪围着江格尔做什么呢？说下去我们才知道，“野猪”是江格尔对手下勇士的命名。谁作战勇敢，江格尔就命名他为勇敢的宝通，并允许他住在金宫殿里。

在根河行走，我每每想起这句话——“离白云只有三指宽的距离”，这是从肚脐眼到下面关元穴的距离，跟一位身高一米六的亚洲女人的鼻长差不多。根河的云朵从养狐狸的砖房的屋脊后面升起，离屋顶的烟囱只有三指宽。云朵掉进葛根河的流水里，离山杨树的倒影只有三指宽。根河境内森林密布，白云好像从世界各地赶过来到这里定居，享受阴凉、鸟啼和干净的河水。从云彩的形状看，有的云正在山脚下卸行李，有的云在天空寻找降落的草地。云在根河的天空显得十分拥挤，而且没有空中管制。有些云互相冲撞却毫发无损，并合并为同一朵云，像把一桶水泼进了河里一样。

到夜晚，事情发生了变化。我到根河时值 7 月，之前这里连下了好几天雨，大地上多出来好几千个水泡子，草原开满了小黄花和白色的野芍药花。在根河市住下来大约在晚上九点，天空并没有如人们所说的黑透。粗略说，大地已经笼罩在黑夜里，而天空依然澄明，与黝黑的土地分割清楚。如果你愿意把这一种天色称为深蓝也不算错，但找不到蓝色，只是不黑而已。夜里，天空的云朵明显少了，这证明我所说的云彩来自世界各地的判断很对，它们经过长途跋涉，需要歇着，找地方扎自带的帐篷睡觉去了。夜空剩下的孤零零的云彩只是一些梦游者或掉队的云。我看到，这些云竟然是黑色，它们有黑檀木那样沉着的黑色，却不是乌云。所谓乌云是雨云，云层很低，连成片，移动迅捷。而这几朵黑云高悬天心，悠然不动。我明白了，这是根河独有的夜景。这里的天空不黑，白云缺少光的映射变成了黑云。

在这样的草原上夜行，见到远处弯曲的河流白亮如练，我几乎不敢相信自己的眼睛，以为那是白雪堆积在河道。上个月，也就是 6 月，我在新疆的喀纳斯漫游，看到野花盛开的草原的某一处山坳堆积白雪。这些雪好像与夏季无关，该化的雪在 5 月份已经化了。但在根河，闪着耀眼白光的河流只是河流，白光只是天光。此景让我非常留恋，黑黝黝的树林和草地里，弯弯的河流闪着白光，白光的尽头即天际分散着寥落的星星，仿佛是河流的尽头。

夜深了，我沿着公路往城里走。四外虫鸣，那一种晶莹的唧唧声，如同露珠在喊叫。露珠大概在和离自己“三指宽的距离”的另一颗露珠谈恋爱，它们的身子缩进圆圆的脸里，偎在草叶的掌根微笑。虫鸣如同黑暗的草地里藏着一万块瑞士手表，嘀嗒嘀嗒，咯哒咯哒，手表的齿轮在赛跑，看谁在天亮时跑到树尖上。城里也有一条河，当地人说这是从激流河引出的支渠。但我看它还是一条河，宽七八十米，水不深，在鹅卵石的河床里哗哗流淌，水声传出几百米外。

再往前走，闻乐声。循声来到一个广场，见到篝火晚会。看了一会儿，得知这是鄂温克人敬火神的聚会。几根松木支成帐篷形，人们把浇柴油的劈柴塞进松木下的空隙里，火焰熊熊。质朴的鄂温克男女老少手拉手围着火堆起舞。他们先是一个大圈，后来变成里外两个圈。里圈人步伐急骤，外圈人的动作迟缓一些。好像所有的民族在开蒙初期都有围拢火堆舞蹈祭祀的习俗。火焰驱赶寒冷、黑暗与野兽，熟化食物。如果没有电和电脑、电视机，北方的各族人民现在可能都在围拢火堆跳舞呢。人的脸膛被火光照亮，手拉着与被拉着的认识与不认识人的手向一个方向移动，音响传出的鼓声如同你的脚步声，这比上网有趣多了。鼻子闻到燃烧的松木味道，我抽空看一眼天上那朵黑云，但是天已黑透，像熬沥青的大锅把小黑云煮化了，整个天空被一个盖子扣严了。我们都跻身一个黑暗的罐子里，等明天的天空把盖子打开。

根河真是很小，我往回走的时候，又闻到了树林的气息。这是樟子松、落叶松、白桦林和山杨树混合在一起的味道，其中掺着土壤腐殖质与河流的气味。灯光明亮的街道上竟然传来了林区的气味，真是幸运。根河小镇是大兴安岭怀抱的小小的孩子，是藏在蓊郁的大森林里的几条街道而已。

更多的光线来自黄昏

黄昏在不知不觉中降落，像有人为你披上一件衣服。光线柔和地罩在人脸上，他们在散步中举止肃穆。人们的眼窝和鼻梁抹上了金色，目光显得有思想，虽然散步不需要思想。我想起两句诗：

万物在黄昏的毯子里窜动，大地发出鼾声。

这是谁的诗？博尔赫斯？茨维塔耶娃？这不算回忆，我没那么好的记性，只是乱猜。谁在窜动？谁出鼾声？这是谁写的诗呢？黄昏继续往广场上的人的脸上涂金，使其鼻愈直而眼愈深。乌鸦在澄明的天空上回旋。对！我想起来，这是乌鸦的诗！去年冬季在阿德莱德，我们在百瑟宁山上走。桉树如同裸身的流浪汉，树皮自动脱落，褴褛地堆在地上。袋鼠在远处半蹲着看我们。一块褐色的石上用白漆写着英文："The world wanders around in the blanket of dusk,the earth is snoring." 鲍尔金娜把它翻译成两句汉文："万物在黄昏的毯子里窜动，大地发出鼾声。”我问，这是谁的诗？白帝江说，这是乌鸦写的诗。我说，乌鸦至少不会使用白油漆。他说，啊，乌鸦用折好的树棍把诗摆在一块平坦的石头上。我问，是用英文？白帝江说，对，它们摆不了汉字，汉字太复杂。有人用油漆把诗抄在了这里。

我想说不信，但我已放弃了信与不信的判断。越不信的可能越真实。深信的事情也许正在诳你。乌鸦们在天空排队，它们落地依次放下一段树棍。我问白帝江，摆诗的应该只有一只乌鸦，它才是诗人。白帝江笑了，说有可能。这只神奇的大脚乌鸦把树棍摆成“The world wanders……”乌鸦摆的“S”像反写的“Z”。为什么要这样呢？是因为黄昏吗？

我在广场顺时针方向疾走。太阳落山，天色反而亮了，与破晓的亮度仿佛。天空变薄，好像天空许多层被子褥子被抽走去铺盖另一个天空。薄了之后，空气透明。乌鸦以剪影的姿态飘飞，它们没想也从来不想排成人字向南方飞去。乌鸦在操场那么大一块天空横竖飞行，似乎想扯一块单子把大地盖住。我才知道，天黑需要乌鸦帮忙。它们用嘴叼起的这块单子叫夜色，也可以叫夜幕，把它拽平。我头顶有七八只乌鸦，其他的天空另有七八只乌鸦做同样的事。乌鸦叫着，模仿单田芳的语气，“呱——呱——”，反复折腾夜色的单子。如果单子不结实，早被乌鸦踢腾碎了，夜因此黑不了，如阿拉斯加的白夜一样痴呆地发亮，人体的生物钟全体停摆。

人说乌鸦聪明，比海豚还聪明。可是海豚是怎样聪明的，我们并不知道。就像说两个不认识的人——张三比李四还聪明，我们便对这两人一并敬佩。乌鸦确实不同于寻常鸟类，黄昏里，夜盲的鸟归巢了，乌鸦还在抖夜空的单子，像黄昏里飘浮的树叶。路灯晶莹。微风里，旗在旗杆上甩水袖。

在黄昏暗下来的光线里，楼房高大，黑黝黝的树木顶端尖耸。这时候每棵树都露出尖顶，如合拢的伞，白天却看不分明。“尖”和“伞”这两个汉字造得意味充足，比大部分汉字都象形。树如一把一把的伞插在地里，雨夜也不打开。在树伞的尖顶包拢天空的深蓝。天空比宋瓷更像天青色，那么亮而清明，上面闪耀更亮的星星。星星白天已站在那里，等待乌鸦把夜色铺好。夜色进入深蓝之前是瓷器的淡青，渐次变蓝。夜把淡青一遍一遍涂抹过去，涂到第十遍，天已深蓝；涂到二十遍及至百遍，天变黑。然而天之穹顶依然亮着，只是我们头顶被涂黑。这是乌鸦干的，所以叫乌鸦，而不叫蓝鸦。我觉得乌鸦的每一遍呱呱都让天黑了几分，路灯亮了一些。更多的乌鸦彼此呼应，天黑的速度加快。乌鸦跟夜有什么关系？乌鸦一定有夜的后台。

看天空，浓重的蓝色让人感到自己沉落海底。海里仰面，正是此景。所谓山，不过是小小的岛屿，飞鸟如同天空的游鱼。我想我正生活在海底，感到十分宁静。虽然马路上仍有汽车亮灯乱跑，但可不去看它。小时候读完《海底两万里》后，我把人生理想定位到去海底生活，后来各种疲于奔命把这事忘了。今夜到海底了，好好观赏吧——乌鸦是飞鱼，礁石上点亮了航标灯，远方的山峦被墨色的海水一点点吞没。数不清的黑羊往山上爬，直至山头消失。头顶的深蓝证明海水深达万尺。我一时觉得树木是海底漂动的水草，它们蓬勃，在水里屈下身段，如游往另外的地方，比如加勒比海。我想着，不禁挥臂划动，没水，才想到这是地球之红山区政府小广场，身旁有老太太随着《呼伦贝尔大草原》的音乐跳舞。

其实红山区政府的地界，远古也是海底。鱼曾在这里张望上空，后来海水退了，发生了许多事，唐宋元明清各朝都有事，再后来变成办公和跳舞的地方。黄昏的暮色列于天际，迟迟不退，迟迟不黑，像有话要说。子曰："天何言哉！天何言哉！"谓天没说过话，天若有话其实要在黄昏时分说出。

黄昏的光线多么温柔。天把夜的盖子盖上之前，留下一隙西天的风景。金与红堆积成的帷幕上，青蓝凝注其间，橙与蓝之间虽无过渡却十分和谐。镶上金边的云彩从远处飞过来跳进夕阳的熔炉，朵朵涅槃。黄昏时，天的心情十分好，把它收藏的坛坛罐罐摆在西山，透明的坛罐里装满颜料。黄昏的天边有过绿色，似乌龙茶那种金绿，有过桃花的粉色。然而这都是一瞬！看不清这些色彩如何登场又如何隐退，未留痕迹。金红退去，淡青退去，深蓝退去之后，黄昏让位于夜。风于暗处吹来，人这时才觉出自己多么孤单。黑塞说："没有永恒这个词，一切都是风景。"

光

才知道，这一生见得最多的是光。光伴随了人的一生，而不是其他。一个人离开这个世界时，他离开了这一世的光，他变成光的另一种形式——碳化。

光在子夜生长。夜的黑金丝绒上钻出人眼分辨不清的光的细芽。细芽千百成束，变成一根根针芒。千百银针织出一片亮锦，光的水银洒在其中。还是夜，周遭却有依稀亮色，那是光的先驱。光在光里衍生，在白里生出白，在红里生出红。它为万物敷色，让万物恢复刚出生的样子。光的手在黎明里摸到世上每一件物品。万物在光里重新诞生，被赋予线条、色彩与质地。光在每一天当一次万物的母亲。

露水在草叶上隆起巨大的水珠，不涣散，不滴落，如同凸透镜。露珠收纳整个世界，包括房子和云彩。人说露珠是透明的，可是你在露珠里看不到草的纹理，它只是晶莹，却不透明，所说的透明是露水的水里有光，光明一体。

光告诉人们何为细微。蜜蜂背颈上的毫毛金黄如绒，似乎还有看不清的更小的露珠，也许是花粉，只如一层绒。光述说着世界的细微无尽。唯细微，故无尽，一如宽广无尽。光的脚步走到铁上，为铁披一身坚硬的外衣，在生锈的部分盖上红绒布。光钻进翡翠又钻出来，质地迷离，翡翠似绿不绿，似明非明，这里是光的道场。人看到的不是翠，是光。翡翠不过是光所喜欢的一块石头，正如黄金是光喜欢的另一块金属。黄金的光芒当然是光的芒，它是金属里的君王，金属里的老虎。此光警告人等勿近勿取勿藏黄金。人被它的光照晕了，靠近攫取珍藏。天之道，传到人间往往变成它的反面。光在黄金上反射的警告从未发生效力，黄金的稳定性被人制定为所有人都愿意接受的尺度。人断定比生命更宝贵的唯有黄金。黄金不灭，黄金的首饰上留下无数人的指纹，而后易主，再后回炉。黄金炯炯有神，身上站立百分之九十九点九九的光。

光在水里画出微纹，回环婉曲，比任何工匠画得都工细。水的浪花在举起的一瞬，光勾勒出水滴的球体，浪摔倒，再举起。光每每画出浪花的形态，每每耐心不减。光在田野飞奔，无论多么快，它的脚跟都没离开过大地。光的衣衫盖着土块乃至草的根须。大地辽阔，麦芒蘸着光在空气中编织金箔画。光让麦粒和麦芒看上去像黄金一样，不吝消耗掉无数光。麦浪一排排倒下，让光像刷涂料一样刷遍麦的一切部位。种麦子的地方，花不鲜艳，金子不再闪光，麦子耗尽了光的光芒，如此才有白面诞生。面包把麦子里贮存的光搭成松软的天堂。

光的脚步停留在黑色的地带，让煤继续黑。煤里也有光——当它遇到火。光仔细区别每朵花的颜色，让花与叶的色泽不同，让花蕊和花瓣的颜色不同。光最喜爱的东西是花，花的美丽，即为光的美丽。但人把这笔美账算在花的头上，就像人把美人的账算在人的头上，忘记了光。

光来到之后，为一切事物制造一切幻相，世界的丰富和罪恶接踵而至。人借此区分美人丑人，宝马香车。人对食物发明过一种无耻的评语：色、香、味。色即光，即食物入腹之前的色泽。香只是人的鼻子味蕾的偏见。母羊在煮熟的羊羔肉里闻不到香味。味是人类舌头和大脑共同制造的幻觉，它们约定俗成，认定其味优劣。小鸟在林中死去，尸体始终无味，而人死后迅速发出恶臭，为什么这样？臭味早就藏在人的身上，被人挡着散发不尽，死了之后才无遮拦。人对环境、对动物一定是负罪的。耶稣当年对举着石块试图砸死抹大拉的玛丽亚的人们说："你们中间哪一个人是无罪的，那个人就打她吧。"这个被解救的妓女用忏悔的眼泪为耶稣洗脚，拿浓密的头发把耶稣的脚擦干。她有过罪，但谁没罪？到哪里去找无罪的人？

光在墙壁上飞爬，爬上衣橱的正面和侧面，光在饭碗的釉面反光。反光是光遇到了进不去的地方，比如镜子。光在书柜底下的灰尘里慢慢爬行，光照亮了书上的每一个字。光在字里最显安静，正如它在黄金上最显急躁。光阅读书上的字，被弯弯曲曲的笔画迷住了，随后晕倒。光和人一起读书里的故事。黄昏降临，书上的字在读书人揉一揉眼睛的瞬间解散了队伍，这时候的光累了。它拿不定主意是否与大批量的光从西天撤退。光和读书人一道想再读一会儿，直至这些字带着意味深长的笑容退到黑夜里。

早晨，光饱满地驻扎在世上的每一处。夜晚，光在不知不觉中逃逸，人根本察觉不出它的离开。人只能愚蠢地说“天黑了”，就算天黑了吧，虽然这只是光的撤离。光在年轻人脸上留下光洁，在老年人脸上留下沟壑。人在光的恩赐下见到自己的美丑肥瘦，以此跟世界跟自己讨价还价。光每天都离开，此曰无常。人不理会这些，在光再次来到人间时开始新的欢乐与悲伤，借着光。

化　石

岩石里凝固着鱼的化石，却鲜见人的化石。人太年轻了，在地球上远远没混到化石的行列里。在生物学的排序中，猛犸、鸟类、鱼、昆虫都是人的前辈。如果人排进化石的辈分里，前边还有马、牛、羊、狼、猪、狐狸、猴、猫和老鼠，早了。就像十二属相里没有人（人属人有点儿不像话），化石里少有人。

化石是什么？是大自然对物种的珍重。大自然把它看好的动植物变成化石，永久保存，它们一定是好东西。从对环境的价值说，人算不上什么好东西，尽搞破坏了，大自然心里有数。

大自然能耐大，它把蜻蜓的翅膀化为石头，或者说化为石头的纹理，这才是鬼斧神工。世上有比蜻蜓翅膀更薄的东西吗？没有。人的眼皮薄吧？但比十层蜻蜓翅膀还厚。世上竟有蜻蜓的化石，清晰地带着翅膀的脉络。可见，化为石者不仅有动物骨骼，还可以有蜻蜓肚子（里边一包水）和翅膀，跟石头浑然一体。化石里有植物的叶子。叶子只是一些纤维，蜻蜓的四只翅膀也是纤维，它们怎样能变成石头呢？石头和蜻蜓翅膀的分子式完全不一样，它们竟然可以互相转化，这就是奇迹。当年赤峰人民广播电台有一位工程师就订一本杂志——《化石》。每天傍晚，他捧着《化石》坐在花园前的楼房台阶上阅读，读一会儿抬眼瞧瞧四周，可能琢磨周围有什么东西可以变成化石。晚风吹来，花园里的扫帚梅和胭粉豆摇来摇去，好像躲避蜜蜂爬梳的痒。花与蜂都可变为化石，但电台大楼和编辑们变不了，人尤其变不成化石。当年列宁和胡志明遗体保存遇到了腐烂的问题。庄子说人的最后一口气离开身体即开始腐烂，气负责使人体不烂。那么，把那些据说是伟人的人的遗体变成化石，他们及其追随者会不会更称心？变是能变——我私见——只是时间太长，比如一亿年，还变吗？瞻仰者等得了一亿年吗？所以就算了，世上好多该办的事最后都不了了之。新杂志来到，电台的工程师在杂志封面外边贴一层牛皮纸，每天下班坐在台阶读。冬天，他把屁股靠在收发室暖气上读。为什么不在家读？可能他老婆不允许活人读化石书。我想他就像矿难中蜷在巷道中吃一块木头的人，这是唯一的精神食粮。他每月需要把这本杂志均分三十份，每天只读一份，一个字都不能多读，多吃多占的结果是阅读饥荒。假如《化石》杂志四十八个页码。小月三十日，他可读一点六页。大月三十一日读一点五五页，即读一页半之后再读六行。赶到 2 月份过年，每日可读一点七二页，合算。过年干啥都合算。

人说比尔·盖茨盖的半穴居豪宅的前厅铺着始祖鸟化石。这么弄，好像不太吉利，但逝世的不是盖茨而是乔布斯。化石有可能更接地气。我觉得可以把化石看成是玉。虽然玉顶着非常好听的称呼，有人在名字里加了玉，但玉没什么来头，看不出前生。化石的前生不言而喻，鱼、鸟，这是身份，有谱系。按能量守恒定律，万事万物都有一个前体或者叫“因”，都可以找到自己不同形态的前生。但人记不住前生，这辈子也没收到过提示，星座血型跟前生均无关系。假如我前生是一只猞猁，现在见到猞猁我一点儿都不激动。有人在街上喊“猞猁”——我也不会回头。所有的记忆一托生就被抹掉了。说到这儿，我更加佩服化石，人家有前生。而且，连蜻蜓都有化石，人却没有。人死了火化，更没机会化石了。地球上每几分钟消失一个物种，变化石根本变不过来。

假如有人发明出速成化石的办法，我提议变化石的清单是马鞍、小提琴、蜜蜂、眼镜、吉他、钱、苹果、西红柿、橘子、茶叶。提十项就行了，别人还提呢。可惜音乐不能化石，人的情感不能化石，云彩化不了石，味道化不了石。好多好东西都化不了石。音乐、情感、云彩、味道最后去了哪儿？谁也不知道。可能变成了暗物质，此事须问丁肇中。

每个人理应赞美一次大地

每个人理应赞美一次大地，那是他们最终要去的地方。

但我们好像要想一想才想起什么是大地。它不是水泥地（水泥是大地的禁锢），不是楼房（楼房并不是土地长出来的东西，而是政府与商人合造的商品）。大地也不是街道（地在街道底下）。大地是长庄稼的地吗？

长庄稼的地叫耕地，它是大地的一小部分，可以养人，古人称为田。大地并没少，耕地却越来越少，人类开始在耕地上盖楼，吃饭的问题以后再说。大地上有村庄吗？有，但这是过去。过去，村庄生长在大地上，长在河边，像大地上结的一个葫芦。现在村庄已经荒芜。如果村庄可以衰老，如今它们正在衰老。农人的门锁了好多年，院墙废圮。村庄的主人去城里打工，村庄由于缺少人气而老态毕现。没有鸡鸣犬吠的村庄老得最快。而另一些村庄是被活生生消灭的，政府让乡民进城住楼，把他们腾出的村庄下面的土地用作工业用地和商业用地，总称“发展”。在没有露水、鲜花、青草和小猫小狗的地方总有一样东西旋转，这东西说不出名字，只好管它叫“发展”。

大地还在——其实人说出“大地还在”这话是可笑的，大地不在谁在？——但有时找不到它。想念大地时会想到遥远的地方，比如新疆和青海，似乎那里才有大地。或者在电脑的搜索引擎上录入“田园”“庄稼”“湿地”“保护区”这些词语，收看大地的图片，在上面看到野花和绿草，顶算见到了大地。假设我们在城里看不到大地——楼房和水泥地面屏蔽了大地的表面——郊外应该是离大地最近的地方。去了之后，见到了什么？

郊外还在，大地又不在了。我去过的许多城市的郊外堆满了垃圾，可叫“垃区”或“圾区”而非郊区。人太能生产垃圾了，城市镶着一条垃圾的项链，城边的垃圾山中间是失地农民住的出租房，所谓大地被压在这些垃圾下面。一些没有垃圾的城市郊区也看不到大地，人们造出一条假的河流，水泥衬底，用水泵抽水吸水。这是像假唱一样的假河，两岸栽种鲜花绿树，但这不是大地的样子，它们不自然因而不属于大自然。

我庆幸我见过大地，比如今的儿童幸运。大地有田但不全是田亩，有荒野、沙砾与河流，野草，树木、动物和昆虫是大地最早的居民。落日好像点燃了一万个柴火垛，月光洒在铺着细沙的河滩，风里有柳树的苦味、河水的腥味、野兔粪便和狐狸的骚味。大地上野花盛开，颜色淡，好像鲜艳会惊扰大自然的庄严。大地无所谓好不好，对草木动物而言，从来没有不好。虽然大地冰冻，动物们缺少食物，但这不是大地不好的理由。大自然不追求公平华美，它的规律是自然而然，此中有和谐。大地从来没想过它会成为最大的商品，成为被排污、被盖楼房的地方。大地原来是人的墓地，如今它是它自己的墓地。

赞美大地，它包容一切又生长一切，不排斥一切好人坏人在此生活并死去，大地有办法降解一切废物并把它们变成万物更生的养料，给每一样东西赋予新意。人与动物的遗体被处理干净变成青草和土壤里的微尘。大地松软，人们虽然看不清大地的脸，但一年四季它有不同的表情。春天，草木开花分明是大地笑了。月光下，大地静谧如霜，这是大地入睡的表情。

人们爱说“走什么样的路，到哪里去”等等，其实最终都要走向大地，这是所有人无法回避的前程，但常常叫作归宿。那么，为什么不事先关注一下大地、赞美这最后的归宿之地呢？大地辽阔，冬去春来。尽管大地之上有丑陋的建筑，但大地时时都在我们脚下，这件事毫无疑问。能够让花开放的是大地，让人得到最后安宁的也是大地。大地超出人的视野，它的身影如同落日的黄金射线。

面包的天堂

麦子，像海涛一样翻滚的麦浪凝固在面包里，被凝固的还有早晨的露水和夜晚的月光。所有面包都像哈哈大笑的胖子，如果面包不胖，谁都别想胖了。仅仅在三十年前，胖仍然是一个好词，胖子可以对向他谄媚的瘦子微笑并用鼻子出气。由此上溯三千年，历史上的胖子超不过三千个，胖比娶小老婆更让人羡慕，那时没有全球化。

面包的笑容，如同农民坐在地上盘腿喝酒的表情。对麦子来说，成了面包就上了天堂。天堂并不远，需要炉子而不是梯子，谁进了天堂谁香。人的天堂有可能遥不可及。告诉一个人：你的天堂在你的善心里，在有鸟的树林和有蜜蜂折腾的花蕊里。他不信，说你是个骗子。事实上，在雪地迎面撞见一轮红日、月夜听到小鸟的梦呓，都算天堂的一个小片断，但人们不信。

麦子相信天堂不远。它们成为面条算是参加工作，当面片是当自由职业者，变成馅饼皮和包子皮是在黑白两道上混，当面包就进了天堂。

每个面包里都有一个天堂，类似教堂更类似于蜂巢，香味灌满楼上楼下所有的房间，圆形屋子里有面粉砌的光滑的墙壁。如果小虫钻进面包，一天啃三遍墙就饱了。

面包的香气从麦子、从炉火里来，但这只是表象。往深里说，面包的香气包含着大地的沉静，弥漫阳光所赐予的格调。这么说好像牵强点儿，其实不牵强。说阳光有气味、有味道，不如说它有格调。晒过的被子有香气，细究它不是香气，是味，它是用嗅觉来品鉴的格调，来自太阳和棉花之间，主体是阳光。面包里也有阳光的格调，源于太阳对麦子的赞许。麦子护生，天地之大德谓之生。人类对香的理解很窄，对香的表述几乎是文盲。香奈儿说她创造的 5 号香水灵感来自北欧的白夜，这种说法乃是顾左右而言他。一个人说不出东西的本质，就把它支得更远。北欧、卡萨布兰卡、丽江，均适合描述狂乱的想象。说香奈儿 5 号具有泰山的味道就不浪漫，不浪漫就没人买。泰山属于松柏加褐色大酱的香型。

面包的香味来自大地和光，来自炉火。而火的前身或者是树和煤。燃烧的煤里有光，而煤不过是树的化石。煤在地下藏了亿万斯年仍然储存着阳光，否则它起不了火。玉就不燃烧，玉乃石髓，不挨着太阳。

这就说清了面包为什么笑和大笑、为什么胖。面包看见了钻进麦子里的光和来自炉火的光，这些同学在自己身体里相遇，面包哈哈大笑。阳光遇见了阳光，真巧了。但天堂里没有巧合，巧合只发生于电视剧。天堂不遵从戏剧“三一律”而恪守因果律。因果的意思是因即果、果即因，循环回转，生生不息。我们在这个叫作面包的天堂里看到了阳光、雨水、土壤、夜色和火的笑容，神让它们互相转换，变成粮食，变成人的身体。实话说，每一粒粮食都是天堂。

七月有权力炎热

7月有权力下小雨、大雨和暴雨。野草在汪洋中露出绝望的头颅，它的手在积水里写了无数个水字，却没一个字浮出水面。7月悬挂着骄阳的火炉，把土壤晒得开裂，蚂蚁得到纵横四海的地道。野蜂在7月结成网，吮取所有植物的花粉，让大地变成蜜地。野蜂改变了7月份每一个早晨的气味，在青草的苦味和河流的腥味里加入透明的甜。空气如同黏稠的旋涡，不知去哪一棵树上结晶。

7月在每天的傍晚都戴上玫瑰色的草帽子，帽檐宽至天际。地上的花朵与西山的晚霞共同跳一支舞。它们的舞步在风里燃烧，草帽里漏出窟窿，露出隐藏在里边的星星。

7月醉了三十天，野草乘季候之神的醉意占领所有的领地。在7月，野草不再向上生长，草尖垂下来，野草张开臂膀霸占更多的土地，草叶变宽，贴在地面延伸。草的容貌气质在7月变野了，成了从千里之外跋涉而来的流浪汉。它们黧黑、粗犷。被暴雨冰雹冲刷过的野草的生命力在此达到最高点。

7月有雾，河上的薄雾如云母一般空灵，离河三尺，不高不低，为河流里的鱼搭了一条羊毛的毡棚。雾是迷路者，雾是夜里跑出来玩耍却找不到家的精灵。阳光出来后，雾忘了应该从哪一道山缝走回去。山在夜里昼里的模样完全不一样。雾游荡，它们不会飞，不会像水流一样潜地，兀自让风吹着游走，不高不低，像山腰的、白桦林的、河流的纱巾。7月，雾的纱巾在每一棵树上都做了记号，在松鼠的尾巴绕过三圈。雾让树林变成了舞台，雾慢慢拉开幕时，树的合唱队员已经排好了队形。

7月电闪雷鸣，乌云如同江底的淤泥压塌了天空。天所降者不光有雨，还有天堂的溪流，天堂屋檐的冰凌，天堂草地与小路上的积水。庄稼喝到这些水并体会到天意。天意无非好生，生生不息。在7月，雷霆把天空炸裂。从天上看，雷把天炸开无数裂纹，像碎鸡蛋一样，流出闪电的蛋黄。7月雷声的嗓门最大，回声千里。天神看到被闪电击中起火的森林在大雨中燃烧。7月之中，天下所有河流都增加了一倍的水。丰满浑浊的河流在河床里游荡，如浴后久久不穿外衣的肥胖妇人。

野草俯身大地，流星找不到降落的地点。7月的夜空比春夜更深邃，春夜的天空仍然结冰，星斗和月亮的影子从冰层照射过来，看上去模糊清冷，比夏夜多了一重蓝屏风。7月的夜空是天海的深底，星星、星宿与星座是游鱼、珊瑚和没有马的马车。这时候，天空的海底渐渐变暖，生物密集，潮汐剧烈，7月的夜常常因此下一场雨。人们在地球上见到的月亮其实隔着天空的海水。由于水对光的折射作用，月牙显得纤瘦、白净。在无事的后半夜，月牙躺在摇椅上睡到天亮。

蚂蚁在7月长大了一倍。春天蠕动的小蚂蚁长成了大黄蚁和大黑蚁，气势汹汹。老天爷怂恿所有生物在7月变得理直气壮。蚂蚁像螳螂一样凶恶，青蛙像黄狗一样狂吠，雨水毁坏道路，乌鸦的翅膀扇来了暮色。7月，生长的势力最大，树在风中模仿庄稼拔节，咔嚓的声音惊醒了鸟梦。7月是蛮横的兵勇，他们手持滚木礌石，打碎所有妨碍生的路障，一日千里，如群山驮走太阳。

7月有权力炎热，阳光的轧道机从天上滚下来把麦地轧一遍，或两遍，让不熟的种子全部成熟。金黄的麦浪起伏不定，保留了轧道机的痕迹。7月有权力号召大雨滔天，被阳光晒死的虫子所产的卵在潮湿里新生。每一种生物在7月都得到一份生的份额，不只巨蟹，万物于此皆生。

7月的晨雾如牛奶泼在草地上，河水用颤动仍然摆脱不掉玉米叶子的倒影。昆虫在7月彻夜歌唱，它们爬过每一寸大地，熟悉每一株草。7月任性，7月压抑不住自己的热情，7月水灵，7月是6月后面那个月，比8月清新一个月，它长胖了夏天的腰。

山顶上看不清河里的小鱼

初秋，我站在巴彦汉山往下看，河道、河流和河畔的杨树都像沙盘模型一样。从山顶上看不清河里游的小鱼，就像上帝分不清人和蚂蚁一样。

巴彦汉山的松树和柏树都长在石缝里，不知它们怎么扎下的根。扁扁的柏树叶落下来，干枯后分解成带花纹的颗粒，像蚯蚓拉的屎。我饲养过蚯蚓，它们吃土拉土，拉出的土带小花纹。山顶弥漫着松香味，琥珀似的松脂洒在树的鱼鳞皮上。从红铜柱子一般的松树望过去，是山上的白云，云朵好像是埋伏在松树脚下的大蘑菇。

走到悬崖处，人不能往下走了，可松树依然往前走，它们沿着悬崖的峭壁长下去，像挂在石头上。我想，假如有人从身后突然把我推下去，有两种结局：一是我张开双臂，喊道："啊——"山谷回应无数"啊——"，最后的"啊"还没"啊"完，我已像牛粪饼一样趴在谷底，在小溪边或什么边。第二种可能就是被松树的胳膊接住，即使上面几棵松树的胳膊没接住，我也会被离地最近的最粗的松树接住。坏人往悬崖下面推我的时候，我反手抓住他的裤子，无疑，他也要跟我坠下悬崖。在接近松树的一瞬间，我松开手，他和他的裤子到下面玩去吧，拜拜。

我在山顶发现一只蝴蝶，咖啡色的翅膀镶着两只黄眼睛。它对着一块石头跳舞或采蜜。石头上有什么蜜？不懂。我小时候见到蝴蝶就箭一般跑过去捕捉，现在不这样了。这彩蝶好容易上了山，别把它们吓跑。几十只松鼠跑过来，它们首尾相连跑，我以为遇到了蛇群。跑着跑着，松鼠上树，一眨眼到了树尖。实话说，我并没真切地看见松鼠怎么上树，只看见一根尾巴上树了，后来尾巴又下树了，在石上蓬松直立。松鼠吃什么东西都爱坐下来，双手捧着吃，像报务员拿话筒向后方报告前线战况，它的大尾巴是“二战”时期的步话机。松鼠的尾巴虽蓬松，拿来做大衣领子还是太小，做掸子更小。把它染黑了粘在眼睛上边，可以冒充冷战时期的苏共总书记列昂尼德·勃列日涅夫。勃列日涅夫的眉毛太浓厚了，似有皮帽子的功效。人说，现在的科学家正研究把一切都变成转基因，那不妨把非洲鹦鹉的基因转到松鼠尾巴上。届时，树上飞蹿红、黄、蓝、绿之蓬松尾巴，我们还看焰火干什么？树林里有一切美景。科学家在转基因时假如剩余一点儿材料，就给我用上吧，把鹦鹉羽毛基因弄到我头发上，弄得像花盆一样绚丽。说实话，我太喜欢鹦鹉鲜艳的羽毛了，虽不能生，心向往之，估计转基因完全可以满足人类这个渺小的、无害于他人的美好愿望。

从山上往北看，是贺升格草原。那一片地方草长得高，中间藏着星星点点的湖泊，当地人叫“泡子”。有的泡子只有两三平方米，它不扩大也不缩小，倚着自己的草，拢着自己的小鱼和水中的小虫度日。有的泡子方圆几亩多，天鹅在上面游。这样的草原看多了，你觉得所有的草下面都有水，草只是水塘的伪装物。其实不然，那里土是土水是水，草里边野鸭蛋很多，走路别给“啪叽”喽。

巴彦汉山顶有一座房子。此房不知何人所盖，一尺厚的石板立成四面墙壁，上盖石板，没有门也没有窗。以现代计量单位说，每块石板都有一吨重。谁弄的呢？外星人？我知道你会这样说。有人想进屋里看看，没吊车拆开石板，只好作罢。乐观的人觉得屋子里一定有珍宝，悲观的人说里面是带暗器的墓穴。蒙古人不想知道或揭秘这些事，听其自然。某一天，石房的消息传到内地后，一定会有人把这五块石板搬开，看里边到底有什么。

里面一切乌有，这是我的判断，它可能是古人开的一个玩笑。论幽默感，现代人远远不及古人，一如论焦虑，古人不及现代人一样。

巴彦汉山山腰还有壁画，画人、鹿、太阳和马（我纳闷，全世界各地的壁画为什么都是这几种图案，而且构图、笔触都差不多）。不知壁画用的是什么颜料，这么多年不氧化也不褪色。这些画壁画的古人均可爱，画几笔就走了，满手红颜料和白颜料，画完画跳舞去了。在山上画画比造建筑好得多，在山上建哪管一点点人造的东西——亭、台、阁或狗窝，都和山不搭调。山已经是自然里的建筑物，其上无须再建筑什么了。

铁匠街的黎明

我住的地方叫阿热亚路，在喀什噶尔的老城区。

现在是北京时间七点，对喀什来说还是黎明。路灯还亮着，像刚刚点燃的蜡烛，衬托宝蓝色的天幕。刚刚醒来的喀什，身上还披着蓝纱巾。

阿热亚路实为一条小巷，经过老城区改造，沿街两侧的房子一派阿拉伯风情。“咔叽”这个词源于印地语，意为干枯的泥土，后转为英语的咔叽布。咔叽就是这里房屋的颜色，比杏白，比牛奶的颜色黄，像新刨出的木板的颜色。这条巷子里尽是这样的房子，高低错落，平房或二层楼房。墙砖像用木块贴上去的，细看是仿木块的工艺砖。

维吾尔人起得很早，他们把清水洒在自己门前。阿热亚路上铁匠铺密集，是“铁匠巴扎”，高鼻深目的铁匠们把自己的产品摆在门口，挂在高处。这里有一尺多高的纯钢折页，这么大的折页只有《一千零一夜》故事里古城堡的大门才用得上。还有成对的黄铜大门环，我把两只手握在铜环上，心想：一握就握住了这么多铜。

门环背衬雕花精美，怎样恢宏的人家才配有这样的门环呢？铁匠露出诧异的眼神，好像没人像我这样攥住门环不松手。我对铁匠和门环分别笑笑，松开手，同时明白，住在农村或古代的人才有可能在两扇大门安上这么好看的东西，我只不过摸一摸。

铁匠铺里摆着许多好东西，让我流连巡视却用不上。这把锋利的斧子上面刻着三朵小花，用不上。圆弯刀，用不上。木柄一米长捞肉的铁笊篱，用不上。一个远远离开了土地、森林和村庄的人，用不上真正有用的东西。

看这些东西时，我觉得右脚的鞋动了一下，低头看，一只小鸟在啄我的鞋带，更准确地说，是啄鞋带上的草籽——昨天我刚从莎车县的乡下回来。我如此清晰地看见了这只鸟的小蓝脑袋瓜，颈子一伸一缩地啄鞋带。我想把这小鸟用手捧起来，心里说：小鸟，你让我像抱小猫一样抱一下行吗？我把鞋带（连鞋）都送你。我一弯腰，鸟飞走了。但它刚刚啄过我的鞋，我越想越高兴，我默记小鸟的特征——蓝脑瓜、灰下颏、黑翅膀、灰爪子——后来飞了。小鸟飞到西边的街上，西边的人家正捏着塑料管往地上喷清水。十字路口的黑大理石碑刻着金色的隶书字体：坎土曼巴扎。

我悄悄走向小鸟，它不飞，步行躲开。我再追，它又躲开。这不是逗我吗？我和小鸟在街上转圈跑。我们俩都不飞，只跑，用绅士的步伐慢跑。我抬头，见到一个维吾尔老人正看我。他眉开眼笑，脸上满是慈祥。我第一次见到小鸟啄人鞋带，老汉可能第一次见到一个人追一只鸟追不上。老人右手放在左边胸口，庄重地向我躬身，我赶忙还礼。老汉的胡子如胸前绣的一团银丝，戴一顶墨绿色的花帽，缓缓走了。他的灰风衣长可及地。

小鸟站在铁匠铺边（它可能是铁匠雇的护铺的鸟），我继续漫游。空气中传来木炭的气味，馕铺开始工作了。我探头往炉子里看，白胖的馕面在炉子里贴了一圈，炉子像一个冒香味的宝库。干燥裂纹的柳树根劈成段，垛在炉子旁。一位穿绿长裙，蒙黑头纱的维吾尔少妇走进一家卖手抓饭的店铺。在门口，她和店里的女老板互致问候，行贴颊礼。在喀什，我鲜明感受到维吾尔人的彬彬有礼，这个民族把互相尊重看作是每天的大事。那些弹唱十二木卡姆的民间艺人都彬彬有礼，有歌声，有舞蹈的地方必然通行礼节，它们同是文明之树开出的花。

野鸽子在屋顶上盘旋，一个穿阿凡提长袍的维吾尔老汉赶着毛驴车走过。铁匠在砂轮前蹲着锉折页，火花从他裤裆喷出如礼花。他戴的风镜，是我小时候戴过的——方形，由四块玻璃组成。街东的骡马客栈播放十二木卡姆音乐，民间艺人扯着嗓子演唱，而我钟情音乐里的手鼓声。独特的中亚风情的 6/8 拍子的节奏，让我跃跃欲试，用鞋跟打节奏，把脚步变成舞步，往前、往右或往后顿挫而行。

我在这条街上走第二个来回的时候，孩子们上学了。天空露出玉石般的青白色，杨树的树干愈发洁净。仔细看，绿色的小桑葚爬在枝条上，桑树的树干像毛驴肚子一样白。

铁里藏着红

红跑在血里，红飘在孩子的脸蛋和樱桃上，红用缎子被面裹住新婚夫妻的喜气，红从太阳里面跳入海里，红……

红藏在铁里，铁无论到哪里——成为钉子、锄头、锅还有炉子，它暗中都带着红。在火和铁交锋时，铁在火里取暖，它在火的语言里想到了自己的前生前世。铁来到世上，火是它的接生人。铁从火里闻到了腥气，那其实是它自己身上的味。它听到火发出嗞嗞的声音，好像被辣椒辣到了舌头，在空气里晾。

铁在火里变红，不仅因为想到了过去。铁的坚硬、冰凉被火收走，火教给铁怎样恋爱，包括拥抱和舔对方的脸，直至让铁红起来。

铁看自己的红像看到了一条鲤鱼，觉得自己正在火的河流里畅游。铁红了之后，身上第一次变得透明，像橘子那种透明，好像蕴藏着无限甜汁。铁红了之后，浑身都轻了。这时铁匠走过来，把铁砸成羽毛似的叶子，甚至可以飞。

黑与红是铁的表里世界，是它的肉体和灵魂。在大地上，铁永远穿一身黑衣，它穿这身黑衣经历春天的雨水。装满雨水的铁桶里有雨水唱歌，歌声落在铁桶的脊背上。穿黑衣的铁钉在椴木里寻找年轮，固定了窗和床。当铁锹和锄板被磨得白亮时，那是铁的梦境。雨水、泥土和空气让它重新换上黑衣。它习惯了这身衣服，是礼服也是工作服。铁走到哪里都被称为工匠，而且常常站在门外，被装在帆布兜子里。

铁走遍天涯，那些树啊，那些在森林里歌唱、为小鸟做窝的树遇到了铁之后变成了大马车、风箱、房梁和一切。在古代，人和什么在一起？外边是土，家里是树——但它已经变成了木头。树的花纹黯淡于炕沿、门、摇篮和桌椅上。人躺在趴在倚在这些树上，它们身上曾经有露水和昆虫。铁把树变成了家具和工具，铁从不因此后悔羞愧，它来自岩石却比岩石锋利。铁的脸上流不出一滴泪，只挂白霜。铁在岩石里沉睡时是游民、种子和儿童，熔炉把它们招呼到一起，把无数铁变成一块铁，使它们比岩石更坚硬。铁变成铁就没有回头路可走，它出生前的石头已化为齑粉。

世上回不了家的东西是什么？它们是冰雪、是桃花、是苹果、是铁和家具。铁做了铁甲铁钩，不求超度，但心里还藏着红，遇到火，铁慢慢地变成黎明那种红；红过了，身上掉下一层白白的灰烬。即使没遇到火，铁也会红。它不打算当铁的时候，雨水帮助它生锈，如蛇蜕皮那样一层层蚀解。回到泥土里，那些铁锈呈暗红色，比火里的铁颜色更深，仍然红。铁的孕育和归隐都离不开红。

乌　云

大朵的白云何时换上了檀香木的黑衣？

乌云轮廓鲜明，比白云沉重，从天空降落到大地。雨水让乌云沉积在天空最低一层。

谁见过云彩装满了雨水飞行？这是乌云。

乌云动作快，它们在天空排兵布阵，争夺山头。乌云把一切扯平之后，渐渐稀薄。云的峰峦消失了，滚动的云轮停住，雨水滂沱而下。

乌云仿佛是最委屈的人。雨前，乌云的翻滚让时间停滞，地上弥散腥味，院里的鸡、树上的鸟和草里的虫子集体焦虑。被乌云遮住阳光的大地笼罩黄而灰的色调，柳枝一动不动，空气不再流通，乌云的烦恼到达了顶点。时间、空气、母鸡和虫都要借助雷电的力量而获解脱。“咔——”雷炸响，雨水终于挣脱乌云的怀抱，飞向大地，哗、哗、哗，地界立马清凉。

最热的时候，雨水落在人脸上如温汤，雨藏在乌云里更热。乌云是雨的产房，产房里铅灰的洪炉把雨炼成滴、熬成串、编成丝藏在云层。不这样，雨水如像湖水一样掉下来，就很不像样子。

不是每一朵云都能变成乌云。乌云是云里的矿工，是云里的马帮和船队，它们穿着海带色的雨衣在天的江岸旅行，把暴雨和冰雹送到闪电的点火处。

闪电是雷的导火索，是下雨降雹的发令官。乌云经受不起雷电的暴喝，一哆嗦，兜在襟上的雨全都洒在了地上。雷并不知大地何处干旱何处缺水，乌云更不知道。它们只是把雨水运到自己驮不动的地方，随意卸车。

白云悠闲，它身穿里外三新的白绸衫，绸衫上下没接头，在清风里徜徉。白云轻，禁不起风吹，一吹就飘。它们越飘越高、越飘越远，在天空聚成岛，划分云屿和云礁，让天空有一些家当。

白云被乌云的阵列吓跑。白云有洁癖，一朵比另一朵更白，它们拖着用不完的被褥，在阳光下晾晒。白云只记得“富贵”二字，只爱穿戴只爱飘。

乌云不是穿黑衣的白云，乌云是在天海里沉没的轮船，它拼命往上浮，但一点点向下沉，甚至触到大地的山峰。乌云装载着雨水，没等运到既定的港口，船已经漏了。乌云的黑檀木船板被闪电击穿，雨水集体弃船。

草原上，乌云飘过来，让大地变窄。草原辽阔，是八份天空两份大地的立体图景在人视野里的映象，天的高远衬出大地的宽长。乌云低垂，包住博格达山顶的巨石，大地窄成一条，像一张兽皮铺向远方。乌云下坠，雨后坠。哗哗哗哗，不知雨和什么东西撞击而喧哗。雨滴在空中砸在另外的雨滴上，出声响。雨在草地一瞬成河，招来更多的雨声。草原的雨幕比玻璃还乌涂，看不清十米以外的景物。拴马的桩子露出半面的白茬，干牛粪在暴雨中膨松、漂走，积水变成绿褐色。就在暴雨狂倾的时候，往远看，山峰已显出翠色，背后是浅浅的蓝天。雨不知何时停歇，不知为什么停歇，也不知哪一部分雨先停。嘈杂的雨声稀疏之后，雨滴说没就没了。大地睁开眼睛，屋檐假装在下雨，越下越少。

不降水的乌云痛苦，翻滚却不降雨，像辗转产床的孕妇生不出孩子。肚子里没孩子，只有肠梗阻。乌云为下雨而高兴，那么不安、那样翻滚，终于洒雨成兵。最奇妙的是雨把乌云下没了，乌云在雨水里变浅变薄变白，没了。天空竟无一丝云。原来，雨是乌云的脚，它已经走在大地上，钻进泥土里仰面休息。生完蛋的母鸡还在，雨水降落，乌云却没了，正所谓“空不异色，色不异空”。不下雨的乌云已被天空阉割。

夏季从阿龙山开始

一位在卢旺达做过“赤脚艺术家”的美国作家泰丽·威廉斯在她的书《沙漠四重奏》中说：

> 风——说出这个字，就有一小股微风从你嘴边送出。对着一根点燃的火柴说出这个字，火焰就会熄灭。

今年夏大，在呼伦贝尔草原上，我天天遇到风的拥抱。我什么也没说，风已经把我的头发捋到后边。到草原，你迎接的是无边的绿色，迎接你的是风。当绿色满目，我们忘了透明的风。风拂过你的耳垂，翻你的口袋，把女人的裙子变成长裤的样式。清晨的风湿润文静，是吹排箫一般轻轻的气息，风里有一些白雾。傍晚的风如同散步的人，像水从高地流入一个宽阔的池子，向四面八方散去。草原的夏季风不生硬，不冲撞门窗。它们像歌声一样韵律整齐，风中带着太多的树的、草的河流的体香，因而不粗暴。城里的风——夏季常常没有风——会突然冲进屋里，门窗叮咣，强盗也不过如此，或者像贼，偷偷地溜进来。城里的风没有衣裳，没有树与河流的生命气息，它们是被工业化激怒的发脾气的人。

我在草原的风里感受流动，感受这些风穿过了一万片树叶之后吹到我的前额上，稍作停留，再赴远方，这与生命或时间的生长与流动是一样的。如果有人不知道什么叫时间，让光溜溜的风吹过他的脸和手臂，他就知道刚才路过他皮肤的轻微的抚动就是时间。风走了，它像时间一样永无停留。去了谁也不知晓的地方。世上有那么多椅子，体育场空着数不清的白色台阶，但时间与风从不在上面坐一会儿歇一歇。谁也没见过坐在路边歇息的时间。今年夏季，我常常想起泰丽·威廉斯说的话：

> 风——说出这个字，就有一小股微风从你嘴边送出。

接着，我感到风从四面走过来，它们手拉着手。如果在傍晚，能猜出这些风带着微微的笑容。我曾经划亮一根火柴，对它说——风，声音再大一点儿——风！看威廉斯的咒语灵不灵。火苗依然袅娜地燃烧着，我用英语说——就像泰丽·威廉斯当年说的——wind，英语也没管事，因为这是中国风，或者叫从大兴安岭吹过来的呼伦贝尔风。

阿龙山是根河市的一个镇，在大兴安岭腹地，镇内有三十万公顷林地。在这里，我没见到阿龙山，但登上了奥克里堆山，山顶有古冰川遗迹。我们去过的地方还有蛙鸣山和鹿鸣山，这两座山均有一块飞石矗立。我对石头长得像什么没兴趣，各地常有一些好事者为当地的石头起名，问游客这石头像不像某某，好像要帮助失忆的游客恢复关于人间的记忆。我喜爱植被，如果每一棵树、每一株草都是人，我在根河已见过了成千上万的人。他们青翠、干净、洁身自好；他们安于本分，满意于自己安居一隅。在云彩的影子和雨水下面，我觉得草木都发出了笑声。恍惚间，我似乎看到青草与树正发出意味深长的微笑，虽然我找不到他们的面孔。没有面孔的植物用整个身体来笑。风来，草的腰身和叶子前仰后合，好像拔腿去一个地方，又犹疑了，而后再往前走。他们拉着其他草的手，揽着他们的腰，哈哈大笑，笑得前仰后合。我想跟他们一起笑，却怕笑声太突兀。荒野里传出人的哈哈的笑声似不妥当。草的笑声是唰唰，树的笑声是飒飒，哈哈显得愚蠢，但人的声带也只能发出这么一种声音，人还没进化到草的程度。

我在阿龙山的树林里行走。如果说阿龙山一无所有的话，它没有的只是高楼大厦、超市和雾霾。这里盛产树和草，树长在了山上的每一寸土地上。从山顶看过去，只有河流和公路没长叶子，不绿。再往前看，村庄中有一个养狐狸的饲养场，几百个长方形的笼子像棺材一样横置在饲养主面前，其余地方都被树木覆盖。树和树在这里相遇，就像人和人在超市里见面一样，只不过树不推购物车。山上长满原始次生林，由于多年禁伐，这些树形成了森林的样貌。在山上，我见过一株老死的树，我特别高兴，围着这株树看。别人奇怪于我的兴奋，我说，我从小看到的树都不幸变成了木头，之后变成家具、房梁、窗框、斧把和马勺把，高雅的存在是琴的音箱。它们是在生长中被伐掉剖解的树，永久性地离开了树根和绿叶。我所看到的另一些排成行、长树叶的树也不过在等待砍伐，就像我看到的羊肉和羊群一样。我看过唯一的老死而不是被砍死的树，是在四川海螺沟风景保护区。在阿龙山看见了第二棵老死的树，我当然高兴，就像我见到一位百岁寿星而高兴一样，不一定他非是我爷爷才高兴。这株寿星树倒向山下，一部分泡在溪流里。它的直径约有七十厘米，已经腐朽了。看这株树，顶算看到了它肚子的解剖图，最里层的树心已朽掉，树干变得像一条长长的独木舟，树干外层还很坚硬。独木舟可能就是这么来的，一棵老树死后还能变成船，这个能耐为人所莫及。人死后也是内脏先烂，但外壳连个口袋都做不成，人的用处都体现在活着的时候。这棵大树没被抬到河边当船用（太沉），它的树皮结着几钱厚的苔藓，有的苔藓开着针鼻大的小黄花。树的肚子里被风刮进土壤，长出了草和小指粗的新树。树身的蛛网上挂着蜘蛛的膏粱厚味，这是一些昆虫的肥硕尸体，蜘蛛不要吃太胖才好。

在树林里走，从树叶声即知风大风小，但弄不清风从哪个方向吹来。我觉得，所谓风是树叶的教员，它一来，树叶纷纷拿出课本朗读，朗读声连成含混的一片，此起彼伏。你看那树叶在枝上簌簌翻动，分明是书页翻动。树叶读书，读的一定是大自然的诗，像惠特曼的《草叶集》，朴素浩荡。

“哗——哗——”，树叶的响声越来越大。我想象树叶们——山杨林、蒙古栎树、白桦树的叶子——一起朗读德博拉·迪吉斯的《美洲梧桐》，这首诗见于这位在大学执教的美国女诗人的诗集《高空秋千》。诗的结尾处写道：

> 美洲梧桐今晨几乎空无一叶。\ 它们白色的肢体高高矗立于十一月蔚蓝的云霄 \ 仿佛它们已被主召回，经过 \ 古希腊彩色棺木 \ 经过着火的房子，经过漂向岸边的 \ 沉船，经过上了锁的 \ 门，像下一生的树 \ 在这里，沿着这山脚 \ 和它们无数的硕大的捋不平的落叶。

我在心里默念这首诗，树用树声为我伴奏。在无边际的树里，我突然想到一个词：夏天。是的，今天是6月22日，现在是夏天了。对我来说，今年夏天从阿龙山开始。

夜　雾

夜雾让夜更像水墨画而不是油画。我印象里面，雾是早晨的客人，像小鸟和露水都是早上的客人一样。夜雾晚上不睡觉，它们找不到睡觉的地方。山谷被核桃树占领了。核桃的青皮上的刺让雾不舒服。是的，雾怕剐蹭。你可以把雾看成没缝被面的棉胎。棉胎被风的鼓风机吹大膨胀却找不到变回棉胎的办法，只好随风飘荡，不明就里的人名之为雾，那就雾吧。

雾在河面徜徉。雾的想法是用一条比羊毛衫还薄的雾被单把河盖上，一是怕鱼着凉，二是让河睡一觉。古往今来，没听说河睡觉，就像没听说过心脏睡觉。如果雾让河睡着了，便可申请吉尼斯世界纪录。睡觉的河水不再有波浪，连小小的涟漪也止息。雾的薄被单盖在它的身上，河反而觉得身上更凉，但生出睡意。河从降生那天起就开始奔流，它的童年叫作小溪，而在比小溪更小的胚胎期是一溜从石缝流下的雨水。雨水汇入小溪，小溪又遇见了其他的小溪。它们匆匆流向低洼处。溪水占满低洼处后外溢，寻找更低的地方停留。低处对水来说意味着长久、存留、安详，因卑下而圆满，相当于人类憧憬高处。无论在哪一个地方，更低处都是河道。溪水在河道汇合，被命名为河。它们最初来自不同的山，不同的云彩，化为雨水洒在不同的树上。如果溪水给自己起名，它不知叫什么名字好。如果把山名、树名、石头名都穿连在一起，就会变成“威廉·伯纳德·珀尔·阿德莱德·帕德里特”等等，比英王的封号还要漫长。万千溪水进了河里就只有一个名字——河，就像成吉思汗统一各个部落之后就叫蒙古。八百多年过去，蒙古的名字没被改变，没被分割，没被取代。语言具备超过物质的价值，如蒙古。

河的名字还连着一个字——流，河和流生长在一起，就像无数溪流生长在一起，无法分割。河流一直在流，带着一肚子鱼虾，带着各地的土壤和方言。站在岸上看河流，它争先恐后，事实上它想停也停不下来，就像被裹挟到马拉松起跑方阵里的选手，只好跑下去。后面的水推着前面的水，新水渗入旧水的骨骼和血液里，难分彼此，只有跑下去，跑到名为大海的水的平原中。

河在夜雾的笼罩下睡意蒙眬，河流睡一下未尝不可。如此良夜，东山魁夷。写到这里，我忽然想起东山魁夷画的北欧的夜，如香水一般静谧。如果雪花可以提炼出一种香型的话，尽在东山魁夷的画里散发。那是冰雪的气息，清甜，如一个纯洁者的体香。她经受了江河沐浴，大自然赋予她复合的、精微的无味之味，一如夜河的气味。夜的河在白雾的抚慰下酣然入眠，鱼虾亦尽眠。河从此知道睡眠是一件美好的事情。有一位年迈的哲学家被问及一生最美好的事情。提问者以为哲学家会回答结婚、当教授、买车买房、得奖或主持公平正义等豪迈的话题。哲学家答：此生最好的事情是睡眠。提问者再问：那活着与死亡有什么区别呢？哲学家想了半天说：不知道，这个问题放到下辈子考虑。在睡眠里，河流的面容在月色下极为柔和，如婴儿在睡梦中的面容。风吹过岸边的青草，竟无声音。星星踩着更矮的星星下来看河流睡觉的样子。

月光洒在大地，地面呈现两种白色。洒在泥土上的奶白的月色仿佛给土地覆盖了一层膜，黎明时由晨光启封。落在雾上的月光呈现锡白色。月亮仿佛嫌雾的颗粒不够密集，在雾的缝隙灌注了月光，二者合一，分不清雾与月亮哪一样更白。河流停止流动之后，雾在大地奔涌泛滥，雾成了空中和地上的河。雾把山的裸露的峭岩包上纱巾，绕山铺一层白莲花的底座。雾冲进树林，淹没了所有的树。树的梢头向夜空呼救。雾在所有的土地铺上白毡子，比哈萨克人的毡房还要白。昆虫和蛇察觉到这条毡子的湿润，以为自己进了澡堂子里面。在这样的夜里，夜色不好意思太黑，天空几乎露出蓝意，星星露出金意。白雾在夜里仍然是白的，它把山峦一座座分开，使之圆润，座座山峰都有白雾的莲花座。刚才说过河流已被夜雾哄睡了，树林在雾中露出一半枝叶，草上的露珠不再闪光，草叶早被雾气吞没。只有月亮高高在上，欣赏着大地的一切。雾改变了一切，让大地黑白分明，简洁有力。月亮认为所谓艺术不过如此而已。

云的小村庄

头一回看到的哈萨克草原，是塔城的铁克力提。那里的丘陵草原跟内蒙古的牧区差不多。大块的云彩飘过，人们看到云的影子在绿草上飞跑，如黑色的马群。像内蒙古一样，这里的草原上会远远地出现一棵树，枝叶繁盛但不高大，它好像走不出草的包围，正在犹豫，在回忆一件事。这样的小树在早晨拉出长长的影子，好像一位矮个子君王从长长的地毯走来，地毯就是他的影子。

铁克力提草原到处是草的芳香。这是草、野花和被熊蜂扑散的花粉集体发出的香气。香气在鼻腔和喉咙涂了一层凉丝丝的空气的蜜，让人们想唱歌。我想起的第一首歌是：

> 流浪的人啊越过天山，走过了伊犁，你可曾看见过阿瓦尔古丽，我要寻找的人啊就是啊你，哎呀美丽的阿瓦尔古丽。

走过新疆才知道，天山有多么雄浑辽阔，人和动物在它面前就像蠕动的蚂蚁或比蚂蚁更小的微生物。而唱歌的人越过庞大的天山，仅仅为了寻找娇小的阿瓦尔古丽吗？办这么一件大事只为了两人相爱这么一件小事。在维吾尔人、哈萨克人看来，翻越天山是小事，爱情才是大事而且是永恒的大事。这份感情不是人和天山比较出来的，而是旋律里唱出来的。只有越过天山的人才有这样广阔的忧伤。

草原上的小树在天边，从山坡背后站立。距离远得让它们彼此看不到，人们坐在车上可以看到。风向变了，云彩的影子往西边的草原移动，而那边有热烈的金莲花，它如油菜花一样鲜艳，但不是花田。它们按自己的意愿组合，变成小片或大片，比油菜花更野性。云彩的黑影遮住它们，金莲花似乎变白了，而绿草像被野火烧过一样黑。云影移过草地，看上去阴影没动，是金莲花和绿草从黑土里跳出来或逃出来亮出色彩。金莲花的花朵拉着前面那朵花的黄裙子嬉笑着躲避云的阴影。

一只鹰飞过去，让我感到这里是新疆的草原。我看到鹰是先看到它在草原上飞逝的黑影，如一只黑兔掠过。抬头看，一只鹰从头顶划过，它双翅宽阔，比身体宽几倍，翅尖向上挑起，如佛教徒用中指做的手印。我没见过鹰扇动翅膀，它一直在滑翔。空气对鹰来说是起伏的冰原，它从巅峰滑下来，只需滑下去就够了。鹰把人的视线引向天边，山川轮廓柔美，合抱着耀眼的蓝天。白云像洪水一样从山隘泻出。在新疆，白云包围了所有的山脚，如蒸汽火车的雾气围绕车轮那样。山显出高大，但近看并不高，只是山和云的关系好，隔一会儿拥抱一下。

世上有多少朵云？这问题真不好回答。一天之中，从铁克力提草原天空飘过多少朵云？谁也答不上来这个提问，上帝也忘了今天早晨往天空撒了多少朵云。大云被风撕成小云，有的云被山顶的松树挂住了胳膊，有的云在山坳里睡着了。早上出门的云在晚上回家时，它们的数量、形状、长相都不一样了。我喜欢云层里的灰云。灰云仿佛让天的蓝色含一点儿绿色，更湿润。草原在灰云下面显出深绿，好像里面汪着水。

云彩什么时候可以变成有用一些的东西呢？像棉花一样堆在地上，人钻进去散步或谈恋爱。冬天，把云加工成热云，夏天加工成凉云。在云里安床，放桌椅板凳，拿鼓风机吹出一条道。云的地板是白色的橡皮泥，踩上去有弹性和香味。如果云足够大，人们在地面的云里建一座小村庄，建造刷红漆和绿漆的木头房子。在那样的屋子里，人们不看电视只吃棉花糖。

云是一棵树

我见过喀纳斯的云在山谷里站着，细长洁白，好像一棵树。我过去看到的云都横着飘，没见到它们站立不动，这回见到了。

旅游者很难形容喀纳斯的景色。喀纳斯不光有一个湖，它还有神秘的、用蒙古名字命名的黑黑的山峰，有碧玉般的喀纳斯河，有秀美的白桦树和松树。我喜欢把白桦树和松树放在一起说。在喀纳斯，白桦树和松树常常会长在一起。白桦树像水仙花那样一起长出几株来，树身比白杨树更白，带着醒目的黑斑节。松树比白桦树个头矮但更壮实，一副男人的体魄。松树尖尖的树顶表示它们在古代就有英雄的门第。它们长在一起，让人想到爱情。好像白桦树更爱松树一些，它嫩黄的小叶子在风里哗哗抖动，像摇一个西班牙铃鼓，看上去让人晕眩。喀纳斯松树的树干色泽近于红，是小伙子胳膊被烈日晒红了那种红，而不是酱牛肉的红。松树如果有眼睛的话——这只是我的想象——该是多么明亮，深沉与毫不苟且的眼睛，一眼看出十里远。

喀纳斯的云比我更了解这一切。它每天见到黄绒的大尾羊从木板房边上跑过去，看到明晃晃的油菜花的背后是明晃晃的雪山，雪山背后的天空蓝得让人睁不开眼睛，眼睛成了两只紧闭的蚌壳。云的职责是在山间横行，使雪山不那么晃眼。它在白桦树和松树间逛荡，好像拉上一道浴室的门帘。云从山顶一个跟头栽到地面却毫发无损，然后站在山谷。我在喀纳斯看见山崖突然冒出一朵云，好像云砰的一下爆炸了，但我没听到声音。我看到白云蹲在灰云前面，像照合影时请女士蹲下一样。白云在灰云的衬托下如蚕丝一般缠绵，我明白我在新疆为什么没见到白羊却见到了黄羊，因为云太白，羊群不愿意再白了。

喀纳斯的云可以扮演羊群和棉花糖，可以扮演山谷里的白树。喀纳斯河急急忙忙地流入布尔津河与额尔齐斯河，云在山的脚下奔流。它们尽量做出浪花的样子，虽然不像，但意思到了，可以了。云不明白，它不像一条河的原因并不是造不出浪花，而是缺少哗哗的水声，也缺少鱼。这些话用不着喀纳斯的云听到，它觉得自己像一条河就让它这么去想吧。

我写这篇短文是因为更愿意写下布尔津、额尔齐斯、喀纳斯这些蒙古语的地名，听起来多么亲切。这些名字还有伊犁、奎屯、乌鲁木齐以及青海的德令哈，它们都是蒙古语，听上去好像马蹄从河边的青草踏过，奶茶淹没了木碗的花纹。蒙古语好像云彩飘在天山的牧场上，代表着大大小小的河流和山脉。更为尊贵的名字是博格达峰，群山之宗。蒙古语适合歌唱、适合恋爱、适合为干净的河山命名。这些地名用维吾尔语、哈萨克语、塔塔尔语说出来好像是一个动人的故事的开头。它们是云，飘在巴旦木花瓣和沙枣花的香气里。

喀纳斯的云飘到河边喝水。喝完水，它们躺在草地上等待太阳出来，变成了我们所说的轻纱般的白雾。在秋天的早上，云朵在树林里奔跑，树枝留下了云的香气。夏季夜晚，白云的衣服过于耀眼，它们纷纷披上了黑斗篷。

喀纳斯的云得到了松树和白桦树的灵气，它们变成了云精，在山坡上站立、卧倒、打滚和睡觉。去过喀纳斯的人会看到，云朵不仅在天上，还在地下。人们走过青冈树林，见到远处横着一条雾气荡漾的河流，走近才发现那是云。喀纳斯的云朵摸过沙枣花，摸过巴旦木、杏和核桃，它们身上带着香气并把香气留在了河谷里。早上，河谷吹来似花似果的香味，那正是云的味，可以长时间地留在你的脖子和衣服上。

喀纳斯的云会唱歌。这听起来奇怪，其实一点儿不怪。早上和晚上，天边会传来“咝——”或者“哦——”的声音，如合唱的和声。学过音乐的人会发现这些声音来自山谷和树梢的云。它们边游荡边歌唱。在喀纳斯，万物不会唱歌将受到大自然的嘲笑。

准噶尔汗国故城的日出

站在城墙上看日出，故城里面白垩色的土块如同玫瑰色的波涛，火山喷发结束之后凝固此地。这些土块不是草原的土，它们原来是城墙和房子，不长草，如今只负责凝固。往下看，正对着城门的空场过去该是偌大的集市，人来人往，车马喧哗。如今只剩下空气与土。土块里没留下丝毫人的痕迹，比如衣服的碎片，比如刀剑的残骸，连一小片骨殖都见不到。故城好像被海水冲刷过，冲走了这个当年强大的西蒙古汗国。大自然试图把废弃的都城恢复成草原。大自然不需要房子、道路、水渠和井，它的子孙是草、岩石和河流。沙漠也是大自然的子孙，就像冰峰、火山是大自然的一部分。准噶尔汗国故城遗址没有树，荒草少而高，只有阳光每天在耕耘这片顽强的土块。这些土城丝毫没有长草长树的意思，它们在等待故人，等待重新成为城墙和房子的一部分，眼下铺满了阳光。我不知道太阳初升时的光线可以分成多少层。最初的光线可谓破晓，那是把世界照亮的清冷的光。这片光到来时，夜色还没褪尽。树和石头背后还藏着静立一夜的黑影。接着，光线的洪流汹涌而来，不只天亮了，太阳正在准备出升。此刻，光线如同加入玫瑰色的经纬丝。这些玫瑰的纱被树梢挂住了大部，落在土地上显不出鲜艳。玫瑰的光很快被后面坚定的金光覆盖。太阳腾跃前，金光是它的近卫士兵，负责鸣锣开道。金光里，天边的云彩十分纤薄，惊讶地迸飞。这些云彩如同火炉的木柴，在它们烧得愈薄愈小愈红的时候，太阳喷薄而出，金红的球体淹没天际的树丛。那些剪影似的树丛变得如荒草一般渺小，举着芒刺般的刀枪欢呼。太阳像被一头巨大的鲸鱼驮着上升，它的光芒照亮了一切。放眼看，周围没什么东西没被太阳照到，准噶尔汗国故城变得干干净净，土块复活了，仿佛集市就要开张。太阳专一地照在城里每一个土块上。土块姿态各异，摆出各式各样的姿势，仿佛还在睡梦中。故城内没有河流，却灌满了阳光的大水。才知道，那些土块的位置都是对的，断壁残垣都刚刚好。土块们显出历经沧海的姿态，在阳光下才看出它们并不荒凉。大自然没有人类眼里的直线、耸立或繁荣这些概念。废墟经过风的一遍遍雕刻，高矮大小已经恰好，好到在清晨的阳光下像一处乐园。

鸟群笔直地飞过来。鸟在金色的土块上留下黑影子，像黑色的小兔跑过。风来了，我的意思是说云从四方聚拢到故城上方。它们或许每天早上都要来到这里探望，围成一圈静坐。云的歌声从风里发出，呼啦呼啦钻进我的衣服和裤子，企图把衣服脱下。故城这里万物裸露，早就不时兴穿衣了。云彩在天空排列如城堡之后，太阳坐上天庭的金交椅。它脚下和两厢都是红云。密集的红云固若金汤，不敢留一丝缝隙，怕把太阳漏在地上。它们抬着太阳游历新疆大地。在太阳看来，准噶尔汗国故城的土块离戈壁只有一瞬，离绿洲也只有一瞬，它们的不同只有颜色的差异，内容没差异。正如历史无差异，只是朝代不同。

准噶尔汗国故城如此空寂，它位于和布克赛尔蒙古自治县，太阳每天在它上方落下升起。当年的准噶尔汗国东起南西伯利亚，西至现今的哈萨克斯坦，拥有额尔齐斯河、鄂毕河、叶尼塞河这三条流向北冰洋的世界大河。这个西蒙古汗国的疆域内有茂密的森林、广阔的草原和沼泽地，占据北部亚洲的核心地带。现在森林还在，河流还在，风还在，国家各叫各的名，准噶尔汗国只遗留一些故城。这些故城正回归大自然的怀抱，阳光给予它新的能量，小鸟衔来的一颗草籽可能会长成未来森林的第一株苗。这么漫长的变化，性急的人没办法看到。

走到哪里都认得出火的模样

我记不起小时候第一次见到火是什么感受，小孩子见到什么都抓一下，如我爸说："蒙古人的手里长着眼睛。"但火不可抓，人一生也抓不到火，最后却被火抓走了。

火是一朵花。这朵花颤抖、试探，包裹一圈火芒。西班牙诗人阿莱克桑德雷说："所有的火都带有激情，唯有光芒孤独。"夜里，光芒为火镶一层边，像雾，像麦芒。光芒和火中间有一层空隙，仿佛把火苗安排到一个玻璃罩里。这是说火苗，油灯和火柴上的火苗。火苗是火的孩子吗？它弱小，但与大火同样明亮，穿着同样的衣衫。

火穿着一模一样的衣衫，由红黄蓝白四块布幔缝制。在阳光下，火的衣衫被剥走，它成了透明人。火除了衣衫，没有其他家产，它的身体长在衣衫里。在斯图加特的索里图山边上的熊湖岸上，在南西伯利亚的安吉拉河边，我见到与故乡一模一样的火。

火在夜里笑，微笑或大笑取决于风势。人盯着火看一会儿，感到其实它想跑，被什么东西拽住了脚。火的脚跟绑在木柴上，绑在煤和油里，不然早跑了。火盼望像鸟一样高飞，在松针上跳跃，听松树暴跳如雷。火倾出身子，缩回来，柔软之极，它比花草和水更像舞蹈演员。火像一朵莲花，这用斧子劈不开的花，如同斧子劈不开一滴水。火和水包住斧子，又放开斧子。它是色，又是空。火是实体，却没有重量。用秤估算不出火的重量。火像荆棘，满身有刺。火像锦缎一样光滑细腻。我摸不到火，却感到了它的光滑，火的皮毛比狐狸更光滑。皮毛从火的颈子流泻，由红色变为金红，转为空心的蓝。火的蓝比天的蔚蓝更浅一些，屁股坐在一个白盅里。自然这是火的白盅。在光里面，红与蓝常常相邻，由金黄连接，黄昏的天空也是如此。

火苗的形状如一滴水，这滴水从地面向天空生长。火苗的苗跟植物的苗一样往上方延伸。但火苗更像一滴水。这滴水遇到外物散开包抄，像莲花打开叶片。火的顶如莲花的顶，点染一点红。

火睡觉的时候并没有熄灭，炭才是它的梦乡，多少火苗在炭里相拥而眠。在薄薄的灰烬里，火已睡熟。“剥”的一声，是火的梦话。火在炭里多么安静，像婴儿那样恬然。它拱起圆圆的脊背如熟睡的猫。风走过，炭火的火星惊起，跳进夜色里再也回不来了。

在黄泥铁桶的小炉子里，火倾听小米粥的歌声。粥的歌声跟打呼噜差不多，咕嘟咕嘟，吹起一些泡又吹破一些泡。火沉湎于这些歌声，它闻到粮食的香气塞满四外每一个缝隙。火奇怪，它在铁锅下面奔跑。为什么传来粥的歌声？铁锅是世上神物，遇火每每发出不同的奇香，黍米之香，菜蔬之香。起初，火以为铁是香的，后来得知锅里有米，米香即是大地之香。

火是蒙着眼睛奔跑的精灵。火看不到任何东西。它见到木柴时，烟挡住了它的视线。它见了黑夜，夜退到远方。火焰的光芒隔离了火的视线。火在阳光下睁不开眼睛，火在枯枝上爬行，火在草绳上模仿一条蛇。

不烧的时候，火待在哪里？这个疑问与火苗去了哪里一样令人困惑。不能说火藏在木头和煤里，它同样藏在布、干草甚至塑料里。铁和石头撞击迸出火星，火什么时候钻进铁和石头里了？在凸透镜的折射下，火从纸里跑了出来。是的，火藏在一切地方，是火柴、打火机、铁和阳光让它跑出来，它在那个地方沉睡久了，被火唤醒，急急忙忙跑出来。火在煤的身体里睡了多久？至少睡了几亿年。火从阳光的梯子爬进树里，树在地里化成煤最后变回来，成了火。

可是，火熄灭之后又去了哪里？

黑夜里，火张望，扭捏，奔跑。火哪儿也没去，最后却失去了踪影。夜和枯枝上找不到火的身影，连枯枝也被火拐走了。火所去的地方，人看不到。世界或许分成许多层，人的眼睛只看到其中一层，如同音波的一段频率。在人的眼皮底下，人看不到的东西太多了。人看不到身边的鬼神，看不到自然的征象，看不到光之外的其他颜色。人眼是如此简单，结膜、角膜、虹膜，加上视网膜，怎能看清周围的一切?

火只有一个模样，火不分外国火与中国火。火有金红的面容，有白与蓝的脸谱。火把自己的脚拴在风上。风到达的地方，火也到达。火把干树枝烧得像铁丝一样红，它的躯体或者叫能量凌空而去，化为炭的另一种形式。

如果用火讨论万物，万物的本质都是炭。而且万物都不会消失，不生不灭，只在火里变换了一种形式。它们在人眼中消失了，在大自然的循环中却没消失，也消失不了，永久循环。

火让白雪变成冰凌的酥片，化为水。火让水在壶里跳跃，无数小气泡化为大气泡，变成旋涡。火藏在酒里，穿着蓝色的衣服。火穿红衣从炭里走出来。如果想到人的周围藏着火，有一点儿吓人。但火是如此沉静，它只待在它待的地方，打骂都不出来，只有火才能把火引出来。火毁灭过万顷森林，竟安静地藏在一张纸里沉睡。

第三辑　草木

草垛如同干草的房子，但里面不住人，也不住动物。

草垛里藏着一望无际的草原

草垛如同干草的房子，但里面不住人，也不住动物。这座草的房子没有厅室，没有门，也没有窗户。我在拜兴塔拉乡住的时候，把一扇没人要的旧门摆在牧民额博家的草垛上，远看草垛像一个蒙古包。额博哈哈大笑，说你是一个热爱家的人啊。

那些日子，我没事绕着草垛散步。额博的老婆玉簪花说，狐狸才这样围着草垛转，假如有一只老母鸡在草垛里抱窝的话。

我不在意玉簪花的玩笑，她脸上布满雀斑，像一个芝麻烧饼。

额博有三个草垛，它们是牧畜过冬的牧草。现在开春了，三个草垛只剩下一个，额博家的牛羊在 6 月份青草长出来之前靠它维生。草垛如一只金黄的大刺猬，蓬松着蹲在瓦房前。房前停一辆蓝色的摩托车，洋井上挂着马笼头。我观赏这个草垛，并不因为它是牛羊的口粮，也没想跟牛羊抢这堆口粮。我在惊异——见到草垛我每每惊异，这么多草从地里割下，一绺一绺躺在一起。草从来没想过它们会像粉条似的躺在这里吧?

我从草垛上看到一望无际的草原。草原上的草不躺着，它们站立在宽厚的泥土上，头顶飘过白云。早上，曦光从山顶射过来，草尖的露水闪烁光芒，好像手执刀剑。6月末，大地花朵盛开，像从山坡上跑下来，挥动红的、黄的和蓝的头巾。城里人习惯用花盆栽花，花在家具之间孤零零地开。草原上，大片的花像没融化的彩色的雪。花朵恣意盛开，才叫怒放。开花，只是草在一年中几天里所做的事而已。

野花夹杂在草里，和草一同嬉戏。花朵如一群小女孩，甩掉鞋子跑到了草叶身后捉迷藏。明明没有风，却看见草叶的袖子摆动。草浪起伏的节律，让人想到歌王哈扎布唱蒙古长调的气息。歌者把腹中所有的气吐尽，吸气时喉间颤动，气息沿上颚抵达颅顶，进入高音区并轻松地进入假声。这种演唱方法如草浪在风里俯仰，深缓广大，无止息。在哈扎布的演唱中找不到一个接头，找不到停顿或换气口，像透明的风，一直在呼吸却听不到风的呼吸声。

风在草里染上了绿色，它去河水里洗濯，绿色沉淀在河底的水草上。水草的大辫子比柳枝还要长，在水里得意地梳自己的辫子，散在斑杂的石子间。水草根部藏着鬼鬼祟祟的小鱼，这些泥土色带黑斑的小鱼只有人的指甲那么长，不知会不会长大。草原的深处，暗伏很多几米深的小河，有小鱼小虾。

草对于草原，不是衣服，更不是装饰。草是草原上最广大的种族，祖祖辈辈长于此地。白云堆在天上，如一个集市。如果地上没有草，剩下的只有死寂。草把沟壑填满，风里飘过一群群鸟的黑影。小河如同伸出的胳膊，上面站立白云的倒影。草的香味钻进人的衣服里，草的汁液浸泡马蹄。

草们如今成了额博的干草垛，它们一根挨一根躺在一起，回忆星光和露水。摸一下，草叶唰唰响，夏天的草发不出这样的声音。我在心里算计，这些草在草原能占多大的面积，十亩还是五亩？算不出。只好说，它们是很大一片草。草绿时分，蝴蝶在上面飞，像给草冠插一朵花，过一会儿又插到别的草冠上。草窠下面爬过褐黄的大蚂蚁，举着半只昆虫干枯的翅膀。不远处小河在流淌，几乎没有声音，水面光影婆娑。花朵高傲地仰起头，颈子摇动。月亮升起后，草叶沾满露水，如同下河走了一圈。

如今它们变成草垛，变成一个伪装的房子，身边放一个油漆剥落的旧门。我像狐狸一样围着草垛转，嗅干草的香味。干草的甜味久远，仿佛可以慢慢酿成酒。

草木结霜

草并不知道，秋天，它们要披上白霜的铠甲。

草出生之后被称为青草，它们身穿绿衫在天涯奔跑。草给黑色、红色和黄色的泥土打上绿印，绿是植物的命，是无处不在的生长。天下没有黑草，就像没有绿色的煤炭。只有绿才可以打通阳光的能量通道。绿把阳光变成蛋白质，草们吃阳光，喝地下水，草的生活方式至简至净至广大。

草在绿里安家，绿色的脉络里有水渠和马路。草的叶子既是肉身也是房子，自己住在自己身上，不假外求。这一点比人强多了，自由从此诞生。春天起，草一直生长。它早上还是夜里长？草什么时候都在长，如同听过“草活一秋”的咒语。人的一生如果只活三个季节，他一定拼命生长，而不去打麻将喝酒看电视剧。草所做的只是生长，它只会生长，那就一直生长。生长很舒服，它觉出自己的腰拔高了，阳光拢在叶子里，暖暖洋洋。草不悲观。悲观是干什么？是跟自己作对吗？大凡生长者都不悲观。当你无选择地置身足以悲观的处境里面，先要剔除悲观。我相信草在短短一生看到的东西比人一生看过的更多。草看到天鹅绒的黑夜镶满银钻。草看到雨水在空气中亦疾亦徐地跳舞。草看到白粉沾满蝴蝶的翅膀。草看到阳光从天边爬进自己脖子。草看到风伸开透明的手指却抓不住任何东西。草看到鸟在飞翔中相爱。草看到老鼠的眼珠亮比钻石。草看到云彩打墙阻挡河流。草看到月亮的山谷堆满黄金。草看到波浪在河里回头瞭望。

秋天到了，草停止生长。草长了一生也不过一巴掌高。它们站立不动，一如等待判决。它不知是谁、是什么不让它们继续生长，是立秋白露还是欧阳修的《秋声赋》？自然界，不生长就意味着凋亡。但草不知道什么叫死，太阳照耀它，雨还在下，土地还有许多地方没长草。草离开此世，世上似乎什么都没少，草没有草的遗产，没有草的车辆和文字。只不过，没有草的土地露出了土地。草站在秋天的驿站张望等待，这时候五谷丰登，果树挂满亮晶晶的水果取悦人类。草在告别，一身之外一无所有，甚至发不出一声鸟鸣来辞行。

草叶等待霜降。霜降之前，天要下上几场雨，为霜准备原材料。土地变成一片烂泥之后，白霜从天而降，于子夜，于星星全体明亮之时，草换了衣装。它们白衫白冠，凛然发亮。这是要出征吗？每一根草都像一位士兵，披着亮甲，茎叶犹如银枪。这是去杀谁呢？草有什么可杀的东西吗？大地沉寂，无物可杀。阳光转过来，每每融化草的刀枪。至凌晨，它们再度披霜。

白霜冻不死树木与河流。它之降临，只为让草退场。霜让绿色从草的身上飞逸，为每一株草换上黄衫。阳光从此停止与草的能量交换，草的叶子呈现白金色——人类高档时装的颜色。从此，大地长出一层迷蒙的金羊毛，曰枯草。在落日边上，枯草看上去像血流遍地，像炭火暗燃，像鲜艳的毯子。

秋日里，山坡的枯草以黄金的色调显示高雅。枯掉的不过是草的躯壳，草的绿色灵魂升上天庭牧场与上帝欢聚。风吹不走草的白金躯壳，它站在它原来站立的地方。草一生未走半步，却早把种子送往四面八方，换来成千上万条命。于是，枯萎的草仍然优雅，在冬日越来越近的夜晚，它们披挂白盔白甲，而后在阳光下卸妆。

跑步时，我见到北陵后面结霜的草。结了霜的草似乎比原来高了。它们好像刚从西伯利亚回来，好像在卸车，好像张着毛茸茸的睫毛。我放缓脚步并庆幸我还没结霜——跑过这些草的身旁。在近于黝黑的松树下面，霜草如同下了半场雪，比夏天在松树脚下环绕的雾气更白，却不像雪那么呆板。太阳出来的时候，草叶上没有一滴水，依然干净。

城里的荒草

我常常留意城里的荒草，管这些草叫流浪草或自由草亦未尝不可。它们两三株、四五株或一株长在你想象不到的任何地方，如楼顶。草需要多少株长在一起，取决于它们脚下占有多少泥土。

荒草长在居民楼墙根，长在车库的檐下，长在街道红的灰的地砖的缝隙里，长在雨搭上面。广场水泥板的凹槽，如果被风刮进一些土，又下一点儿雨的话，就有草。当然是荒草，也叫野草。步行商业街游人稠密，人把街踩得溜平，但踩不死荒草。草从座椅下面、垃圾箱边上长出来。威严如政府的院子里也有野草，这种地方，流民进不来，荒草进得来。政府院子里栽着花钱买来的体制内草，像穿塑料制服的学生。体制内草的任务是排队，碧绿和身高一致。有人给它们浇水施肥但没自由。跟这些尤物比，荒草太寒碜了，虽然也绿，但色泽暗淡，且衣袖太长，像卖唱的艺人伸出手来。但荒草有本事待在它们喜欢待的一切地方，尽享逍遥。我从食堂六楼往北看，看到一个神秘的院子，楼顶立着白底红字的牌子，一牌一字，写着“政治可靠”“严守纪律”等训令。院子里看不到人，楼顶长满了荒草，我替这些草高兴，没人打扰它们，就像替公安部院里的野猫高兴。到了午饭时分，特别在第一拨吃完饭的人走出饭堂后，野猫漫不经心地围拢来。这时，有人把从食堂带出的食物谦恭地放在猫前——鸡腿、牛肉或其他。野猫毫无感恩之心，低头嗅一嗅，吃或不吃，也不抬头看这些警察的官职。公安部院子大，草木茂密，还有一座受保护的王府，猫在此地尽情飞蹿攀爬，打斗恋爱。也有人带猫粮放进树下的塑料碗里，野猫冬夏饿不着。

荒草比野猫幸福——这是我的看法。草不需要吃什么，自给自足。天下的生物，大凡需要张嘴吃什么就陷入被动，必用全身的力量去喂这张嘴。人或动物活得难，难就难在有嘴，因为嘴下面接着胃和肠子，是无底洞。谁不吃？不吃长牙干啥？荒草自给自足，不仰他人鼻息及一切事物鼻息。它的粮食来自阳光和一点点水。草用自己的衣服或者叫袖子就把饭做熟了。阳光普照万物，照在石头上，照在大楼上，地上有狗屎就照在狗屎上。阳光无偏私地照在大地每一寸地方，只有植物捧起阳光把它变成了饭，这个能耐是大能耐。上帝让草活，给予它这一套能耐。随你践踏、随你轻蔑，荒草不以为意，它有能耐还比人禁活。而且——这一点我们永远也不会知道——它从阳光中合成的营养吃起来有多么甘美，如果不是，植物怎么会开出那么好看的花呢？人吃什么猪蹄子、鸭脖子，啥都吃而脸上屁花都开不出，吃花也开不了花。人跟草根本不在一个档次上。

荒草在大街转角、在废弃的工厂、在“政治可靠”的院子里、在无人认领的自行车中间、在广场和楼顶上迎接日出，它们眯眼看东方射出微弱的光，这些光难以置信地扩张泛滥，照红了广大天空。太阳又来了，它每一天都没爽约，给荒草带来了粮食和点心，带来驱寒的火炉。太阳实为全自动与多功能的供应站，此时荒草比谁都高兴。没见过哪个人因为太阳升起来而高兴，草天天为这事高兴。荒草散在各处，它们不孤单。脚下哪管只有一寸泥土，对草也是大地。荒草把脚伸进土里，淘出水来。土是贮水罐，存一次雨水够喝一个月。当一株荒草有什么不好吗？它不知什么叫作“不好”。它们看天空的月亮如剪纸，风没有眼睛，常在墙上撞昏过去。跟荒草一样自由的还有小鸟。

对啦，是风和小鸟把荒草带到了城里。风仁慈，它不愿让草在乡下待一辈子。草籽坐上了风的透明火车进城，相中哪儿就在哪儿落户。小鸟吃草籽，没消化的草籽随鸟粪遗留各地。鸟噙着草籽准备下咽时，会因为一件事突然起飞、突然鸣唱，把草籽遗落在一个不知名的地方，那里成了荒草的产床，它的家。

雏菊的披肩

花里的孩子名为雏菊，秋天也不衰老，不生长皱纹和白发。它有一条鲜艳的披肩。

雏菊的披肩好像是英国都铎王朝的装束，花瓣从胸前环绕到后背，像防止吃饭洒汤的围嘴，像公鸡的颈羽。

雏菊开遍了北亚的原野，它的披肩盛满了阳光和露水。露水从花瓣流入花蕊时，雏菊再次称赞造物主给了它一条披肩。晨雾封锁了土地，好像天空的牛奶洒了，地面的乳汁比江河宽阔。雏菊闭上眼睛嗅白雾的气味，嗅不到牛奶味，只有潮湿的泥土的腥气，更不能用碗喝。阳光照下来，雏菊的花瓣像涂了显影液，慢慢从白雾里清晰，好像云里栽的花。

雏菊遍地开放，但每一朵都孤单。我看到一个孩子单独站立时，感到了他的孤单。我们愿意看到孩子和他的父母亲在一起，更愿意看到孩子的手被大人握在手里。可是谁领走雏菊呢？山峰领它走吗？小杨树领它走向河边？雏菊从小到大都是一个小大人，它不怕孤单，它有披肩。

小时候，我把一片雏菊的花瓣揪下来，看到花朵露出巨大的豁齿。雏菊的长牙少了一颗。再揪一片，觉得它失去了下巴的胡子。摘掉一半花瓣时，它只剩一个朋克发式。揪掉了所有花瓣，雏菊全变成光头。花蕊浮肿般堆在面庞，草茎奇怪地支着这个没头发、没披肩、没有裙子的脸庞。孩子不懂得珍惜，更不懂雏菊是花里的孩子。他们摘光花瓣之后，把雏菊丢到尘土里扬长而去。孩子惯于残害花草、猫狗与玩具，从小就体会到残害或者叫破坏带来的成就感。一种美妙的什物，经过他们的折磨变得丑陋。正像他们长大之后要接受生活没完没了的折磨。他们不知道生活为什么要折磨他们，就像花朵不知道孩子为什么残害它们。开花有什么不对吗？没有花瓣的花有什么好看？“文革”初期，遍街的景象给孩子们带来了突如其来的惊喜——政府的窗玻璃被砸碎，剃光头的官员脖子挂着牌子请罪，红色、黄色、绿色的油印传单被风刮进排水沟里。孩子们心情舒畅，可以不上学，可以看红卫兵打人。那时候孩子的父母给孩子说过关于悲悯、尊重等话题吗？没有。好多中国人的心里没这样的种子，现在也没多少家长告诉孩子谦卑止暴。现在的家长们只会说“成绩、分数、奥数、择校、大学、成功”这些话题。他们不知道，他们参与培养的孩子在特定的环境下会变得凶恶残暴。只要各方面条件俱全，当一个恶人，或者叫当一个集体无意识的恶人一点儿不难。多少人心里原本装着变成暴徒的角色憧憬，只在等待时机。基督教所说的原罪，佛教所说的无明，在中国人身上一点儿不少。有没有一位家长对孩子说："你的手在任何情况下都不能打人，更不能沾上别人的血。"有这样的家长吗？即使有，也很少，比想象中少得多。

雏菊在夏天盛开，我觉得它好像跟音乐有关系。雏菊跟音乐有什么关系？每次我这样问自己却答不上来。我仔细寻找线索——有哪一首歌曲的名字提到过雏菊？谁？舒曼和舒伯特有过这样的歌吗？想不起来。我也想不起哪一首标题音乐提到过雏菊。接着，我猜想哪一位音乐家会给雏菊写一首歌或曲子。他们满怀童真，从雏菊的卑微中见到田野广大的美，像见到穿民族服装的保加利亚姑娘跳玛祖卡舞。她们的裙子有玫瑰红的披肩。这个音乐家有可能是肖邦，他连"雨滴"都写了，为什么不写雏菊呢？这是一首跳跃的、晶莹的钢琴练习曲。德沃夏克也应该写雏菊。说起泥土气息的题材，我先想起德沃夏克。东欧比西欧土气，好像东欧的泥土比西欧多出好多，也厚，上面长玫瑰花、麦子、山毛榉树和雏菊。德沃夏克写的雏菊可以泡酒喝，不治病，就图酒瓶子里花瓣好看。没准儿也有疏肝之效，菊嘛。舒伯特能写出非常好听的描绘雏菊的歌曲，如果他愿意写的话。描写雏菊跟描写儿童有什么不一样吗？一样的，哪块都一样，雏菊只比儿童多了一条披肩。

我还喜欢猜想这些歌（乐）曲的乐件与歌（曲）名，我觉得我适合想这些事。钢琴能表现所有题材，包括雏菊、矢车菊和杭白菊。吉他也行，但它描述的是西班牙田野的雏菊。小提琴不对味，雏菊不盛载深婉的表达，它也没有摧人心肺的美。中提琴和大提琴当然也不适合，雏菊不厚重、不回忆也不哲学。明亮的铜管不合适表现雏菊，它没那么坚定庞大，但圆号描绘田园时可以涵盖雏菊。木管太通透了，雏菊不是一条小溪也不是山峰上的积雪，用不上木管的通透。表现雏菊最好的样式是童声合唱，钢琴或木琴伴奏（配器加双簧管，背景加不多的竖琴旋律）。孩子们唱这首（希望由舒伯特作曲）雏菊之歌时，身上戴着雏菊那样的彩色披肩。名字——给这么好的作品起名是累活——叫什么名字呢？《雏菊》《雏菊练声曲》《雏菊的早晨》？都不理想。这个事以后再说吧，不着急。

雏菊傻乎乎的单片花瓣挂在脖子上，除此之外什么都没有了。它的茎是细秆，带白茸。花瓣啪叽打开、一览无余的花都是傻花，对雏菊而言叫单纯，因为它是花里的儿童。你看中原的牡丹，最符合中国人的性格，搞不清它有多少层花瓣，欲舒又卷，形左实右，花心纷繁似被水洇湿的手纸，何止工于心计，简直美得渊深。说它是国色没错，天香就有点儿说大了。总之不会有人说牡丹是儿童。

雏菊在田野开放。大地涂满透明的余晖的黄颜料，雏菊赶着金黄的马车回家。夕阳的光里飘浮白色的颗粒，雏菊为此瞪大了眼睛，看微尘趴在蟋蟀的黑甲胄上，不知下落。

豆　子

豆子是从娘肚子蹦出来的果实。娘胎虽好，但豆子在里边待不住了。它急躁，等不得像土豆那样被人从地里挖出来，或者像玉米那样被掰下来。豆子是谷物里的孙大圣，自己蹦到世界上。

豆子降生比人省事。人降生要住医院，当娘的哭天喊地、回肠九曲把孩儿生出来。光自己生不了，还要有医生帮着生，差一点儿就要命。人为此生而哭泣，豆子不哭。它天生一副圆脸，来到世上为欢乐，欢乐即在地上打滚，豆子乐观。

不乐观的谷物做不成豆浆、豆腐和豆皮。豆子——无论它叫大豆、黄豆、黑豆、红豆，都逗人乐。雪白的豆腐捧在人的手里颤颤巍巍，为什么会这样呢？豆子在豆腐里乐呢。像有人不出声地笑，肩膀颤抖，和豆腐的颤动一模一样。豆子没想到它会变成整齐的方块，跟白玉没什么区别了。豆子听人在叫豆腐的时候说，松软啊，滑腻啊，可口啊，营养啊，豆子又颤巍巍笑起来，这都是谁发明的词？人类的嘴不光会吃，还会说。

豆子喜欢大地，最爱黑龙江的大地。别的地方的地只不过是地，而黑龙江的地是大地。坐一宿火车，天亮的时分窗外还是大豆的田地，大吧？广阔的地方让豆子性格豪放。把豆子放进铁锅里炒，豆子怎么样？它会跳起来骂娘。栗子、牛肉、羊肉、山药这些货，谁也没在铁锅里蹦过高，更没有“啪、啪”地叫骂。豆子不明白为什么把几百个豆子放进铁锅里一起炒，这简直是犯罪。不服从是豆子的天性，像苏珊•桑塔格说的。它想象自己是子弹，嗖嗖飞向目标。人真够坏的，人不光发明了豆腐制作法，还发明了锅盖。盖上锅盖，豆子们在锅里打群架，拳打脚踢，拔枪互射，跟东北土匪差不多。

豆子的婴儿床是豆荚。像浴盆一样的豆荚给每一粒豆子准备了塌陷式的光滑水床。水床的罩子当然也是浑圆的，就像人的眼皮。躺在床里，豆子看到绿色的天空，但没有云彩。豆子终于厌倦了绿色的天空，跳出来看到蓝天、白云和一帮说东北话的农民正在豆子地里打情骂俏。豆子喜欢清亮的渠水，喜欢像火柴棍一般瘦小的青草，它们头上顶一朵、有时是两朵小黄花，这太有意思了。豆子看到云彩从天边倾斜飞行，白云里夹着不怀好意的灰云，豆子以为天要塌了。为豆子从豆荚里跳出来这件事，天也要塌一下吗？云彩如城楼一般飞向远方，豆子看见豆大的雨滴掉下来，不是一滴两滴，简直多不胜数，豆角的叶子啪啪敲鼓欢迎。雨滴到地面干什么呢？这都是豆子不明白的事。雨滴汇成溪流，灌满沟渠，豆子昏迷不醒，直至见到太阳。哪一样种子来到世上不是惊心动魄？它们的童年比人类的童年更有戏剧性。

在豆浆里，豆子看到了自己的白，牛奶也不过如此。它们在雪白的水里抓住其他豆子的小白手。昔日黄金化白雪，豆子们呼吸着豆的腥气。

豆子以其浑圆活泼赢得人类的好感，人用豆子为人和狗取名，以其小而圆，谓之可爱。豆的营养学定义是植物蛋白。但没人愿意起名叫蛋白，虽然蛋也白，但“豆”字更上口，与“逗”同音。豆子最逗的一件事就是当年它从娘肚子里蹦出来。

豆子的愿望是与其他豆子们走向远方，再荆棘地长成豆苗，与海边的白卵石结为邻居。豆子勇敢，在咣当咣当的列车车轮轰鸣里，豆子和其他豆子躺在黑暗的麻袋里憧憬远方。它知道每一声咣当的下面都是土地，都可以生长青草、乔木与豆子的小苗。豆子后悔自己没长出一双脚，可能它从娘胎里跳出来太早了，还没来得及长出一双脚。豆子有了双脚之后情愿走到松林里，它仰望着高大的松树，在落叶松的松针里造一个房子，看松香怎样变成琥珀。豆子会走到花田旁边停下脚步，看花的露水从双鬓流到腮边，蜜蜂的轰炸机从云层俯冲下来，在花朵面前嗡嗡哆嗦。豆子要去的地方太多，这些美事把它肚子撑得滚圆，它的豪迈让人类把它称为大豆，这是尊称。制造白面的麦子也不过是小麦，豆子从小就成了大豆。

荷

光是“荷”这个名字就足够好。荷的音念出来语气平缓，不促不亢，也没办法激烈。荷——从中脘缓缓而出，上牙膛和印堂感到和的气息，即和气。荷这个字也好看，如团团圆圆的荷叶，有草有人有可，符合伦理。

植物最大的叶子，我只见过荷与芭蕉，而荷把叶子漂在水上。陆地的树叶如小鸟羽毛，纷披飒飒，包住一株树，假装在风里飞行。荷叶的冠盖占领一小片水。这片水比圆规画的还圆，荷上站着露珠。我觉得水变成荷叶上的露珠很幸福。水在荷叶上站立，滚动，却不涣散。水如果变成珠而且站立，就和精灵没什么两样。它们瞪着眼睛看一切，边看边滚，不留一丝痕迹。屋檐的雨滴，竹叶的水滴都没有荷上露珠这么惬意。

口诵荷字可除躁气。人吵架前念一百声“荷”，就只想睡觉而不愿意争吵了。荷乃合。借中医的说法，寡人有疾乃是身心未合。肝肾不合气郁，水火不合湿寒。阴阳交泰曰合，于风曰和，于植物一类曰荷。

八月既望，适于和风中赏荷。西湖里面的曲院风荷就是一个荷风国，小于荷兰国。曲院在南宋是皇家曲院，酒气纷纷，荷花颜面酡然，一看就是酒精过敏，花朵见了风摇晃，仿佛真醉了。我住进曲院风荷，才知道这里有木屋。高大的芭蕉叶下，被雨水淋湿的木屋像水牛皮那么黑，竹叶擦拭窗玻璃。各屋转角处走来皮毛斑斓的野猫，譬如白毛黄斑、白毛黑斑的猫，没见到白毛白斑的猫。从我住的房子大步往外走，不出十五步可见荷花。小步走七步，见到了桂花树下的水仙花。桂花包容，让不香的花先开。杏花、桃花、迎春、苹果这些不香的花都先开，白一下，黄一下，做一个序幕，而后百花登场。倘若集中精神闻杏花，会闻到一点儿带杏仁苦味的微香，但我不会对外说此事。在春天，一帮人手扶杏花闭眼闻，让蜜蜂干什么？

盛夏，荷叶让西湖的水面缩小了，西湖垂柳依依的岸边挤满荷的圆圈，像几千个小孩藏在水里，撑着荷叶的绿伞。荷花的红里有一点点蓝，红更亮了，可称之艳。树上的花开花要把身子靠在枝上，不胜单薄，而荷花单腿站在高高的茎上，茎下的荷叶如圆圆的舞台。荷花绽放要有台子，这并非矜持，而为端庄。未放时，荷的花瓣双掌合拢，白白的花苞顶尖晕红。打开后，花瓣捧出恬静的、鲜美的、果实般的红。

荷叶让鱼虾感受到水下森林的乐趣，红鱼黑鱼在荷叶下享受绿的阴凉。风把荷香藕香送到十里八乡，荷让江山多一份和气，大度安详。

红玫瑰

我觉得“玫瑰”这两个字不能随便写，就像火药、夜、雷霆这些字不能随便写一样。玫瑰虽然仅仅是花，但它似有花之外之上的另外的力量。而“玫”非“梅”，“瑰”字由“玉”和“鬼”连接。看到没有？它肯定不仅仅是花，玫瑰除了开花之外还做些什么呢？可怜我们不知道。

“红”和“玫瑰”连起来写，三个字像着了火，扑不灭的火焰——这是我小时候看过的一部电影的名字。人以红玫瑰寓意爱情，可是爱情广大渊深，这个词约与世界一样大，一朵花能寓意吗？爱情包含着盲目、聚散、怀疑、渴望、怨恨和生殖，也可以包含仇恨、杀戮，当然也会有甜蜜——如果你觉得那是甜蜜的话。爱情让好多事情改了道，人的难以改变的性情因为爱情发生改变。有的大人物为了爱情而发生战争，有的小人物由于爱情而疯掉。风、雨、地震和飓风改变了大地却改变不了人，爱情却能改变人，哈哈。有人变得好一点儿，更多的人如泥沙沉入河底如螺蛳。爱情并没有打算把人变好变坏，它像化学试剂一样激活了人的潜在程序，让人不由自主地做一些不同寻常的事。我像不敢写玫瑰一样不大敢写爱情这两个字，惹不起的东西就别惹。如今敢写是因为老了，爱情爱情爱情，没事的。人如果不遭遇爱情，这一生该有多么坦荡，如骏马一般无牵无挂。但上帝不允许人类如此逍遥法外，引爆了人的爱情之后，上帝跑了，剩下的事由当事人收场。人的智慧好像还没有进化到可以圆熟处理爱情的阶段，你看电视剧里的爱情，尽是漏洞。人在爱情里并非笨，而是蠢。爱倒可以爱，阿猫阿狗（春天里）都在爱，情这个字一出来，人就完了，暴露了他们进化途中未臻完善的纰漏，闹各种悲喜剧，莎士比亚对这个了解得最多。人判断不了爱情的前因后果，不具备感知爱情危险的预警能力，理智在爱情面前全体瘫痪，修复系统大约需要三十六个月，我是有体会的。人看不清自己的一生，皆因爱情挡在那里。其实爱情并不能叫爱情，它不像字面这么纯洁，它是一个独立的世界。语文学家还没替它想出恰当的名字，姑且跟着别人一起叫——爱情，古人叫两情。两情其实比爱情准，各想各的爱，是两个人的独情。人有趣的地方是他无论被爱情害得多么苦，还在赞美爱情，啊啊。人这么善变、这么功利、这么不择手段，他们会爱别人吗？

红玫瑰是爱情的象征，在此先要献出我的敬意，但我不知道红玫瑰哪些地方像爱情。倒过来说也一样：爱情哪些地方像红玫瑰呢？估计两者在什么地方相通。玫瑰花的香气比它的花容更吸引人，而所谓香味是语言形容不到的另外的独立世界。有人把爱情归结到性激素里面，睾丸酮或己烯雌酚如何如何。虽然我们从没见过这两样东西，在放大镜下也没见到过，但基本认同是它们在怂恿人去恋爱。一个男人无缘无故和一个女人相抱并结婚，这不是傻子吗？其傻超过和树相抱并结婚。我们之所以理解这么傻的事是由于我们身上都有睾丸酮和己烯雌酚，被它们捉弄了一生。而玫瑰花的香气类似于化学激素，为人所嗅，而不为人所见所知，含着荷尔蒙。玫瑰花在香味里描述一个世界，它何其甜蜜，其香如蜂蜜一般黏稠，苦味根本挤不进来，愁绪更挤不进来。在五味杂陈的世界上，玫瑰用筷子粗的茎从大地抽出芬芳。谁知道哪一块土壤的甜蜜被玫瑰抓在手里？谁知道玫瑰是怎么想的？在香水萃取玫瑰花香之前，玫瑰事先萃取了默默无语的大地，找到甜蜜的泉眼，如同黄连找到大地的苦涩，茉莉找到大地的清香，黄金找到大地的光芒。我们怎么找不到呢？掘开土，我们只看到了土，卡其色的、湿润与干燥的土。土是什么？我们说不清，也许青草说得清。庄稼和树知道什么是土，但它们不告诉我们。土里长草不算奇迹，好像这属于本分，土里长出玫瑰太令人惊奇。这不仅是奇迹，而且是秘密，星空与大地不知有多少秘密瞒着人类。而人类截流造水电站也瞒着大地星空。玫瑰花暗紫的嘴唇如同洞悉一切，人接触到玫瑰的香气就变成用鼻子思考的人。鼻子里有主管思考的细胞吗？不知道。佛家之谓“色声香味触法”，嗅排第三。鼻子开拓的世界无法目睹，无法言说，无法描摹。用气味对话比用语言对话复杂得多。玫瑰以香气发问“尚能饭否？”哪一样气味可以回答“廉颇老矣”？在气味方面我们是哑巴。成千上万朵花发问成千上万的话，我们未答。成千上万棵树木问无数事情，我们不答。白桦树带甜味的气息是什么话？白杨树带苦味的气息是什么话？栀子花的话心事重，柚子花的话条理分明，梨花淡然无语，艾蒿满口方言。而玫瑰好像在说法语，兰波高更瓦雷里，勒内居里拉封丹，我们还是未懂。人这一生竟没听懂花的一句话。人类往太空发射各种语言和音乐，盼外星人呼应。为什么要把“外星人”想象成“人”呢？他她它们为什么不是一朵花？解码花的气味与花草对话会不会打开一个新世界？

以红玫瑰象征爱情是人类的比附。人类以星空比附浩瀚，以大海比附宽广，用自己的心定义世界，离世界越来越远。红玫瑰是一颗颗星星，滑落大地，用香味述说我们听不懂的话，花瓣上露珠眨眼，我们也没懂，老师没教。玫瑰的刺用血来滋养，玫瑰的绿叶转为紫红。玫瑰独立不羁，酝酿着冷酷和热烈的秘密。香气和暗红的花瓣只是玫瑰的纱衣，它实有钢铁的躯体，如同爱情的质地无异于顽石。

琥珀对松树的记忆

人在黑松林里走，像蚂蚁在青草里面走。所有的松树都比人高出许多，树冠可以望到比你看得更远的地方。紫色的苜蓿花从山顶的岩石倾泻下来，只给老鹰留下一点儿站脚的地方。

用手摸这些松树，鱼鳞般翘起的干树皮扎你的手。掀开松树皮往里面看，里面是雨水浇不到的红色质地。我看有没有蚂蚁爬进去，最好有两个蚂蚁摔跤被我看到。在松林里一路走下去，就这么用手掌抚过松树，一会儿，手心沾满松香，透明的黏液从树身的什么地方淌下来，琥珀色。松香仿佛是松树留下的记忆，关于潮湿的夜，鸟啼和清新的空气的记忆。把记忆留在体外的只有松树。

松香的液体里有小虫子的尸体。这是松林里最小最软弱的虫子，连翅膀算上比小米还小，凝固在透明的松香里。我几乎想到了几亿年后有一片琥珀装帧着小虫子的化石挂在墙上，于是我想象有大蝴蝶昏迷在松香上。松树分泌更多的、重约一两的松香，包裹着大蝴蝶。松香完好保留了它翅膀上的眼睛和六足的绒毛，那就是一个很好的工艺品了。不过看到的人是一亿年后的人类，那时候人类有没有眼睛还都两说着。

松林中最喧闹的是鸟雀，不过那是在早上。阳光才出来，鸟雀已经分成两派，好像争论太阳出还是不出。阳光普照之后，鸟噪止息，可能是认为太阳不出那一派的鸟飞走了。松林寂静了，静得让人想数一数落叶松掉了多少根松针。我确实想数落叶松脚下褐色的松叶，有人说我患有强迫症，这就是一个最强有力的证据。松针像一盒火柴撒在了树下，但不整齐。如果不下雨，落地的松针经过阳光曝晒，竟是金色的。远远看，那种金色激发人的惊喜之心——包括儿童在内的人类，见到金子都会扑过去——它明晃晃地耀眼，撒在树下，那时候，松树十分尊贵。

松树的尊贵不是没缘由的，它知道自己是怎么回事。岁寒而后凋只是它品格的一方面。笔直的松树有别于弯曲的杨柳，亦有别于笔直的杉树。它的直里包含着坚韧。直者易折，但松树不在此列。它直而韧，直而有香。我喜欢闻到松树散发的松香味，虽然这常常会让我联想起小提琴的弓子，但我提醒自己：世上先有松香后有提琴，二者不可混淆。我觉得松香是松树想说的话，凑巧被我听到。

星星在松树头顶飞翔，似越飞越高的白色蝴蝶，夜空的蓝色如同透射在深海之下的天光。松树的土里混合了几万年的气息，腐熟的枝叶烫手，如同森林家族刚刚端上来的饭菜。没有鸟在松林里迷路，也没有鸟在松树上撞昏过去。松林的落叶记录了昆虫的脚步声和田鼠的脚步声，这一切都留在松香或琥珀的记忆里。

琥珀好像是一块透明的黄金，或者说是一块走错了方向的黄金——本该是矿物质，它却错走在植物的道路上，变成化石。琥珀像猫的眼睛。我的意思是说，人在胸前或手上戴一块琥珀，会变得警觉或机灵。琥珀好像跟蜜蜂有神秘的关系，其实没关系。琥珀像干邑白兰地酒浆，酒总能给一切好东西找到归宿。

自从我在一块琥珀里见到虫子的化石后，就希望每一只虫子都留在琥珀里，变成化石，这样就能很好地保留它们精致的翅膀手足和小而凸出的眼睛。美国诗人查尔斯·赖特在《南方河流日记》里说：

> 那些虫子多叫人羡慕啊。它们熟悉通往＼天堂的路，熟悉用光亮捕捉我们的＼闪烁的丛林之路＼熟悉虚空之路。＼一个8月又开始了，模仿去年的8月＼那么多赤裸裸的岁月＼躺在如水的天空下＼夏之声到处可闻。

松树是群居的植物。它们站在泥泞的沙土里，雨滴如同松针耳垂的露水。大雨打在松树每一片鳞皮上，好像往树身砸铁钉子，把它们的蓑衣变成铠甲。在阳光普照的时候，松树依旧缄默，它说的话被鸟说尽了，鸟飞远。当松树最终消失之后，是谁手里拿着一片琥珀？里面有小虫和失去了香味的松香，里面有松树转瞬即逝的身影。

火山杨

冰川、汪洋曾经覆盖地球。那些劫难无人知晓——人所能知晓的事情太有限了。山顶岩石里的贝壳化石细微地述说海洋的步履，沙漠里孤兀矗立的石块留下冰川的脚步。地球在汪洋或冰川的时代，并不是毁灭，只是它轮回的一瞬，海水与冰川撤去，地球又耐心地从头开始，培育低级生物，使之高级，繁衍万物。我们在路旁看到小小的蕨类植物，相当于看到地球鸿蒙初开的景象。从羽毛式的蕨类植物身上，我们可以想象经历亿万斯年，地球重新长满了大树与鲜花，昆虫和鱼类都找到各自的归宿。

在地球的劫难中，遭劫的并非地球，而是地球上的生物，包括动物和植物。然而动植物重新长出来——当阳光、土壤和水分具备之后，它们开始恢复生命。用“恢复”描述生命也许不对，动植物的种群并不以个体衡量，只有人以“人这一辈子”描述单一的、不可重复的生命。遍地的青草，是青草集体的生命，它们共享一条命。

人所能目睹到的地球劫难，大约只有火山爆发——

地震只是人与人居的劫难——火山喷发之后，地表一片焦土，像我在五大连池所见到的景象。

实话说，我并没想看火山遗址，就像不想看车祸现场一样。来到、所见到的如前所说，是“一片焦土”。两百多年前的这场火山爆发，把埋在山里的黑色玄武岩化为流水，喷向天空，而后落地，形态如烧过的树一样，成了一段一段的焦炭。就化学性质判定，这些不成样子的焦炭，仍然是玄武岩。

站在火山口边上往下看，我不知我要看什么。这是巨大的漏斗形的深渊，黑色。那股冲天而起的熔岩的火柱早已消失了。我感到，时间在这里也消失了。人们说，时间不具备及物性，说时间是物质之外的客观存在（听上去很别扭）。但我觉得时间的及物性很强。时间挤在花的蕊里，挤在梳刘海的儿童的额头上。时间站在雨后的笋尖上，时间拽着引体向上者的胳膊打滴溜。时间蹲在电视机里，趴在屋檐的雨滴身上。时间忘记了黄花梨木的生长，但没忘记让它坚固。它忘记了老年人的存在，却没忘记让他们死亡。时间一定有喜欢去的地方和不喜欢去的地方。有的地方，时间从来没来过，比如沙漠和五大连池的火山口。

时间不愿意停留的火山口，人像一群奇怪的动物在坑边逡巡。他们围成一圈向坑里看，不知看什么。石头从坑底排列到坑沿，块块充满死寂。在河边，我们看到的鹅卵石像看一条条干鱼，仿佛先前它们在水里活过。看山里的石头，更感觉它们是活的，是山的肉或者叫筋腱。而火山口的每块石头都是石头的尸体，大大小小都如此。我说我感到不安就是这原因。密密麻麻的石块被1729年的火柱烧死了，匍匐在地，没有声音，没有流水，没有青草。我们看到了地球当年的劫难和它永不愈合的伤口。

然而大自然永不绝望，脆弱的是人而非大自然。离开火山口，在参观其他地方的时候，我们看到了勃勃生机。当年火山把玄武岩化为焰火狂欢之后，这些焰火撒在方圆几十公里的土地上，似焦炭。我说过，在火山口没见到青草。但在焦岩之上，在好像犁过的石头的黑波浪上，我看到了萋萋青草，在这里邂逅了生命。青草长在黑波浪的转折地，那里面有土和水分。我们驱车向前走，穿过了一大片树林。导游停下车，说这是一片火山杨。

火山杨？它们的脚底下就是石头的黑波浪，上面覆盖着薄薄一层土。这些树貌不惊人，纤弱不直。导游说：这里一根拇指粗的火山杨已经生长了几十年。一棵一米多高的火山杨，有几十米的根扎在地下（岩石里）盘绕。

一米高的拇指粗的树在地下有几十米的根，这让我惊呆了。我想下车摸摸这些树。在火山景区，行人都不可以离开栈道，摸不到树。

它们成精了。树之成精，如人之成圣，是从轮回中转脱涅槃的达彼岸者。它的几十米的根是为了找到水，它自己就是一口井。当一棵树要这么难吗？命运让它在火山熔岩里当一棵树就要经历这些磨难。这些“小”树实际上都是老树。它们跟胸径五六十厘米的树有一样的树龄。如果把人放到一个艰苦地方，他也许会跑掉，但树跑不掉。它不仅要留在这里，还要站立，要活着。我想象这些“小”树在慢慢生长，夏日缺水，冬日是几个月的白雪严寒。对树来说，这没有什么好与不好。火山杨的幸运在于它不知道长在海南与江南的树是怎么活的。活得太容易等于活得太仓促，太快长粗长大，长完了一生。马丁·海德格尔在《存在与时间》里说的：“倘若存在就是生命，那就没什么问题，就没什么答案需要回答。”

是的，对火山杨不需要说什么艰难、致敬一类的话，它的存在就是它的生命。它的生命以及所有成败都在它的存在之中，在它的纤弱的躯干和与其他杨树看不出区别的叶子里。对火山杨而言，对静默的山峰、河流和小小石子而言，它们的存在集合了无法知晓的残酷与欢欣，而它们却像什么也没发生过。

就这样，这些葱绿的火山杨长在这里。我为树林没有小鸟替它们有一点儿遗憾，但这不是问题所在。人说这里还有圆耳朵的小火山兔和细细的火山蛇。我觉得它们活得很壮烈，它们自己觉得活得很甘美。人永远了解不到大自然的内心。

雷击木

大兴安岭的林地里见不到土，土被落下的树叶不知覆盖了多少年。土珍贵，被树和草藏在了脚底下。土是树和草的母亲，是冬眠小虫的庇护地，是河流的围墙、万物的故乡。松树在蓝天下晾晒松针的翅膀，仿佛飞了很久，飞累了。青草和花朵在松软的树叶上面下棋，成缕的光线斜射过来，照在它们的棋盘上。鸟在树叶间自问自答，如同背诵一篇荒疏的课文。忘词的时候，鸟拍拍翅膀，飞向另一棵树。

养蜂人、采蘑菇和养鹿的人在林里待久了，不自觉地模仿树的表情。树的表情是倾听的表情，不像人那样喜怒分明，那样挤眉弄眼。树一生都像倾听一个故事，听小虫在草叶里翻身，听地下的河流从哪里拐弯，听松果落地翻滚。养蜂人的眉毛像前额长出的草，养鹿人双眼明亮，采蘑菇的人手指轻得像树叶。他们如果站在树边照相，和树的表情一样——沉默、谦卑、自尊，树把他们视为同类。

大兴安岭的树里隐藏着英雄，它们是被雷电劈焦的树。在冠盖青翠的树林里，雷击木无枝无叶，黝黑兀立。此树瞬间化为此状，好像在往天上看。天上蔚蓝宁静，是一道白云川流的河床。

我替它们惋惜。当地人说，这是好事，最好的树被上天领走了，被雷劈的树都是树里的精灵。见到雷击木，当地人的表情肃然，仿佛树是替他们死去的。

我摸这棵树，开始有点儿不敢摸，仿佛乌黑的树身都是伤口。

一棵松树在一个火球里完结一生，比遭受电锯杀伐好，比被肢解为板材也要好。它的千万根松针被火球摄走精魄，在雨中起火，又被雨水浇灭，或许这是诸树求之不得的宿命。藏人想到天葬不惊恐，反为死后有了清洁的归宿而觉轻松。其他民族的人不这么想，而且连想都不敢想。生死观是文化的核心，使一个民族有异于另一个民族。

当地人送我一个雷击木做的护身符，两寸长，一寸宽。此木一面焦黑一面白，烙铁在白茬处烙上吉祥如意的蒙古文。我摸这块木头，心想这是不是在摸一位高僧的舍利呀？它还是木头，而它的精神随雷声升天了。被雷劈的木头，在此世一无所怕，既避邪，又吉利。蒙古人所说的吉利，与汉人所称避邪，意思同一。

最坚韧、最扛打击、最像石头的植物是树。树身的扭曲，是它抗争的证据。树身不管怎样虬屈，它散开的枝叶都从容祥和。树歪了，但树冠不歪。一棵从石缝长出的树付出了比其他树更多的力量。树没有机会选择生长地，它只专注于生长。看老树，火烧虫啮是它们的必修课，每一棵都是伤痕累累。风或鸟把树籽从远方带到此地发芽，孤独是树的宿命。树的枝叶摸不到夜的深处，风要把树带走。披头散发的树与风争了一辈子，换来一身骨头。看树叶的样子，即知树的心里在微笑。活到这个境界上，万事皆可一笑。况且，小鸟飞到树上做窝，鸟在树叶里谈恋爱，让树高兴地沙沙响。更小的粉虫子在树皮上爬，把树当成了山。

我闻一闻这块木头，没松香味，也没有焦煳味。这块木头——这只是我想的——身上藏着雷电，或者说雷神在此，秽物远离。牧民认为雷击木是来自天上的东西，他们把雷击木放在家里，威慑猛兽毒虫。大凡森林野兽，都怕雷电。这块木头一定用特殊的气味或波长喻示雷电来过，人不知，毒虫却知，绕道远遁。

坐车走过大兴安岭，间或看到一棵雷击木，它周围的树依然翠绿。树啊，莽莽苍苍布满山岭。树并不认识它周围的树，但如同兄弟姐妹。这棵雷劈过的树仍站在它们中间，无枝无叶，一身骨头，为众树辟邪，它是开过明亮的火花的吉祥木。

苜蓿花的河谷

小鸟飞过黑松林，飞到阿瓦齐河谷的苜蓿草地上。冬天里的鸟在梦中梦到了苜蓿的紫花。

大地把绿毯子斜铺在倾斜的河谷上，苜蓿在上面绣满了细碎的紫花，毯子看上去有了中亚的风格。鸟认为这是为它们铺的毯子，纷纷飞到这里嬉戏歌唱。

金丝雀、黄鹂、棕尾伯劳、歌鸲、朱顶雀、苍头燕雀聚集到这里，它们挺着鼓鼓的胸腹，好像里边装着一百首哈萨克民歌和六首塔吉克乐曲。

小鸟滑入草地，又挑头升到空中。空气中好像有透明的大波浪，把鸟抛来抛去。鸟翅把阳光的纱巾割成条条块块，让阳光的纱巾整齐地铺在苜蓿花上。

苜蓿的花瓣小而多，二十多瓣长在一起，如一个小花柱。小鸟认为苜蓿花是一本书，二十多个页码，是简易读物，记录着阳光和月光射来的角度。风觉得苜蓿花是一只只紫色的小鸟，花瓣是它们的羽毛。苜蓿花的花语是“希望”。所谓希望正在于它的花可以像小鸟一样飞起来，让天空铺满紫色，像涨潮一样起伏。

人说鸟是美丽的精灵，但我们记不住小鸟的脸。人类把美过多地定义在人的脸上，称其为面容。女人的脸是钱、房子和车，是争斗的刃，是反腐的定时炸弹。如果美的标准不定在脸上，定在什么东西上呢？当然还有衣服、手袋和首饰。人类有美丽的羽毛吗？他们说自己有纯洁友善的心灵，可是从外边看不到。鸟也看不到鸟的心灵，但它们从不担心受到同类的欺骗和迫害。

喀什噶尔有九十九条古老的小巷，在疏勒国时代，这些小巷已经人声喧闹。我走过蜡烛工匠之巷、砖雕工艺之巷、花盆工艺之巷和铁锅工匠之巷。现在每个巷子都立着雕花的木牌，上面介绍小巷的来历。橘黄色的路灯照在拱形雕花的窗户上，一千零一夜的故事好像就要开始了。现在是黎明时分，街上行人很少。地雀飞过来，在店铺前的地面上飞快奔跑。它们不怕人，只有在几乎被捉到的情况下才飞到街边的桑树上。棕色的野鸽子结伴飞来，在馕铺边上啄食。它们比信鸽瘦小，或者说像麻雀长大了一倍。在喀什的老城走，抬头看房子，发现房檐上有野鸽子在看你。和你目光交视之后，它们拍翅飞到清真寺的圆顶上。

在乡下，水渠边长着笔挺的新疆杨，用洁白和新绿抵消了戈壁的沉闷。沙枣树的花香令人沉醉，令鸟沉醉。在这里，听得到鸟发出醉汉般的歌唱。它们的歌声是小调式，有许多半音和滑音。鸟醉了才这样唱，比如它们吃过发酵的桑葚。黎明与黄昏的景色让小鸟产生了幻觉，它们的歌声里浪漫的元素多于巴洛克，没有一个高音是扁的，鸟唱歌时胸腔全都打开了。小鸟一飞就美丽。按说人们在飞翔中看不到美，因为美飞走了。但鸟在飞翔中创造美，况且它们还有歌喉和羽毛。这三项已经比人类高明，人类虽然有喉但并不都是歌喉。他们在纯真的儿童年代，唱得甚至比小鸟还好。长大了，他们只剩下酒喉烟喉与咽喉，与歌唱无关。他们与音乐有关的器官只有耳朵，但一半以上的人的耳朵与音乐无关。人类没有羽毛，只有腋毛，他们用人造的衣服制造差别与美丽。在澡堂子里，他们和她们发现如果失去衣服，皮肤上挂满愚蠢的脂肪。

我们看不见小鸟的脸，但不影响它的美丽。这个叫什么呢？可以叫境界。境界，说的是你站村里它站山上，你在山上它在云端。有多少人迷恋自己的脸，依赖、崇拜这张脸，靠脸打天下，而其江山随时光变成了蚁穴。你靠你的脸活，但别人不靠它活。多好的脸都是积雪，早晚将沉没于泥土之中。小鸟用飞描述自由、描述洒脱，翅间带着远方与树叶的秘密。小鸟在飞翔俯瞰河流和麦浪，画出透明的弧线。鸟最有资格讲述山河。

苜蓿花继续织毛毯，它们的愿望是把绿毯子改成紫色。鸟飞来检验毯子花色是否均匀。紫花柱挡住了苜蓿草三片肥黑的圆叶子，挡住了羊茅草和雀麦的小花。小鸟用翅膀扇这些花，让它们再紫一些。鸟翅下面的蜜蜂用翅膀扇苜蓿花蕊，让花的香味传遍远山。

春天里，河谷归苜蓿花、小鸟和蜜蜂所有。它们在这里折腾一个多月，初夏到来时，它们各自尽兴而去，马和牛羊来吃苜蓿草。维吾尔和哈萨克牧人说，马吃不到苜蓿草，一年都没有劲，像得了病一样。马低头吃草，像读书上的字，得意处，把尾巴晃上一晃，苜蓿让它们浑身是劲。

桑葚

早上的风吹过桑树，桑叶沙沙作响，好像树上藏着好几百只蚕。桑叶翻转叶子，像两个人跳舞，女伴钻过与男伴拉手形成的拱门。叶子快要飞出去时，被叶柄拉回来，就像男伴用手把女伴拉回来。桑叶上没有蚕。桑叶跳舞的时候，蚕还在蚕房里睡觉。

我几乎不愿把蚕当成虫子看，虽然它哪儿都像虫子，但它更像蚕。我见过的蚕比虫子们扭捏，这不因它有一些胖，虫子们都胖。蚕为着什么而扭捏呢？我想象所有的蚕身上都穿一件透明的、剪裁得体的丝绸睡衣，雍容地爬行。其实不能够叫睡衣，睡衣露不出蚕的一系列的脚，它只是披在蚕背上的一条披巾，光滑冰凉，没有皱褶。蚕的披巾是质量最好的丝绸，好到什么程度只有蚕知道。

黎明时分，天空掀开夜的黑毡子，剩下一层蓝冰似的曙色，星星是蓝冰上的铜钉。冰随着天亮一点点化了，蓝色一点点衰减，只剩下白。天空在白天并不白，它蓝，只有在黎明前的片刻是白的，天空紧接着会掺入朝霞的红色橘色或什么色。天空在黎明前发呆的片刻，桑树的树干像天空一样白。那时候，我在新疆，我在内陆时间的五点钟起床跑步，喀什噶尔的夜比黑毛驴还要黑，跑着跑着，天亮了。天亮之前先有沙枣花的香味被风吹过来，这种香意味沉迷，天竟被如此浓烈的花香给熏亮了。星星、月亮、太阳、镰刀、羹匙、门环和茶杯都会被沙枣花熏得亮光闪闪。喀什的天亮跟我跑步可能也有一点儿关系。我在喀什人民广场跑四圈，每圈八百米。咣、咣、咣，广场上回响着我的跑步声。隔几分钟，毛泽东塑像下面跑过一个人，跑向西。过一会儿，又有一个人从毛泽东塑像下向西跑去，夜色稠密，看不清是谁，但我知道这都是我。之后，天才一点点亮起来，好看清谁在跑步。我每每在天亮时分见到桑树，阿热亚路边栽了一排桑树，树干如失血色那样苍白。我摸树干，粗糙的树皮把手心蹭得十分舒服。我的目光由树干一点点上移，有时在树叶上发现一只滚圆的小鸟，当地人叫它地雀，背和肚子黑白分明。更多时候，我的目光从树干升到树顶时，树叶里还能看到星星。铁匠的手指把塑料管子的嘴捏细，洒街。铁匠把打制的犁、窗子和刀摆在门口。桑树的树皮越来越白，星星散逸之后，只有桑树独自白净。桑树的叶子不多，在树上挂着，对蚕来说，它们是悬挂的面包和香肠。桑叶不需太多，够蚕吃就好了。况且，许多生长桑树的地方并不养蚕。如果我植桑树也不一定养蚕，假如喝醉了把蚕当成虫子扔掉，岂不可惜？

我栽桑树一定是因为桑葚。桑葚是桑树的鱼子，它的汁液把人的牙和胃肠染上浪漫的紫色。小时候，我们吃桑葚的时候互相看牙。五分钱买的桑葚放在旧课本纸张做的漏斗形包装里，我们把一两颗桑葚扔进嘴里，紫汁把牙齿变成黑色，嘴唇深紫，嘴成了可怕的深洞。人带着这样的嘴打闹嬉笑是最有趣的，这时稍稍地有一点儿像妖精，小时候，我们都愿意变成妖精。

买桑葚的机会很少，因为没钱。我们去南山仰望那棵桑树。从春天，桑树的叶子刚刚冒出来，我们就去仰望。盼望它早点儿长出桑葚。夏天，桑葚羞怯地长出一点点，那是绿色的鱼子，我们盼着它变紫。桑葚紫了，如枝头上的黑枣。我们踩着伙伴的肩膀，小心摘下紫桑葚，也就是一人一粒，其他的桑葚还青着。一颗桑葚足以把牙染得紫红，如嚼槟榔的人。我们有意让桑葚的紫汁留在牙上，从南山走到街里，尽情地笑，让别人知道我们是吃过桑葚的人。

可是，蚕宝宝吃过桑葚吗？它沙沙地吃桑叶时为什么不尝尝桑葚？我想象蚕吃了桑葚之后变成了紫蚕，吐紫丝。紫，神秘、妖异、俗艳，一只俗艳的紫蚕吐出的紫丝织出的绸子有多么惊艳，像一千零一夜里公主的披肩。几年前，我经过一个村子，见桑树上的桑葚没人吃，掉在地上，被人踩瘪了，泥土开出一块块紫花。今夕何夕？桑葚掉地下被踩成泥却没人吃？我摘下桑葚吃了几粒，我想把所有的桑葚都吃完但吃不完，太多了。我怀着沉重的心情离开这棵桑树，因为没人吃它结的桑葚。

山杨树

冬天的风像鼓风机一样强劲，把凹地的积雪吹到空中，山坡好像腾起一条雪龙，绕山盘旋。山坡上的山杨树消失无踪。

在草原的丘陵上，树像星星一样散落四方，它们只是树，而非树林。如台湾诗人管管的诗所说的：

每当吾看见那种远远的天边的空原上，在风中、在日落里、站着几株瘦瘦的小树。吾就恨不能马上跑到那几株小树站的地方，望。

树在草原上不仅孤独，而且矮小，如蒙古马一样矮小。几十年前我去克什克腾旗、翁牛特旗和阿鲁科尔沁旗，在路边见过一些小树，如同刚刚栽上的童年的树。今年路过这些地方，看到它们还是那样小，那样孤独。我以为原来的树早已成材，成为各家房子上的栋梁。当地人告诉我，这还是那些树。他说，我小的时候，树就这么高。我惊讶地看这人的面孔，他黝黑的脸上遍布皱纹，胡楂都白了。再看那些树，不粗（也可能粗了一些），不高（树围大了点儿）。如果走近看，树可能也有白胡楂生出来。我没法确定几十年前看到的树是哪一棵树，但这里确实没有大树。

丰子恺的母亲认为外国人只是一个人。她每年去一趟上海，回来说：去年外滩那个印度巡捕今年还站在那里。老太太每年都这样说。而我觉得这些树真就是几十年前的树。这些树掌握一门绝技：活着，但不生长。不生长是生命学里最大的奇迹，活着仅仅是活着，不生长因而也不衰老。所谓进步，说的是不是今年与去年有很多不同？如果真的有所不同，证明的仅仅是生命的耗散，这算不上进步。

人唯恐自己不懂得某些知识、某些说法、某些时尚或某些流行语，便使用微信或网络语言证明自己不落后或没死。好在树不需要这些东西，而草原上的树甚至连生长都放弃了。放弃生长也没什么不好，乌龟不是这样吗？英国的几个所谓科学家在北海海底捉到一只蚌，杀死它，测得它的寿命距今四百五十至五百年，为它取名为“明”，意思它与中国的明朝同一时期。明朝是中国汉人建立的最后一个王朝，国祚二百七十六年。这帮英国坏人为什么杀死这只蚌呢？不杀不足以了解它的寿命。蚌用四五百年活着，仍然是一只蚌，没长成帝国大厦。它不太大，貌不惊人，在遇到英国人之前一直活着，不借助任何知识、关系、财富、地位、主义和学说。从始到终，它都是一只蚌，像草原山坡上的小树。

人并不是这样，人愿意具有很多很多样子。人如果原来是蚌，它还会企图变成鱼、虾、鲨鱼、岛屿、轮船和潜水艇。人把自己这种谵妄称为理想，把他们的僭越当作努力。

风止息，白蒙蒙的天气里出现小树，它们还在原来的地方，还站着，伸出枝叶，拥抱准备落地的飞雪。草原无遮蔽，刮起八九级大风，拳头大的石头会离开原来的地方，但风刮不倒任何一棵小树。这样，你就知道草原上为什么没有大树，小树为什么“不生长”。生长不难，长得引人注目也不难。天之道与人之道常常相反，刚好不愿意引人注目。在自然界，生存比生长更难。飞沙走石的大风刮过山坡，你去看那些小树，它们张开臂膀，像儿童在大风中哭泣着寻找父母，不，它没这么脆弱。它们像练习站桩的拳师，马步扎得很低，气沉丹田，形神合一。这些小老树最了不起的是在地下扎下几十米甚至上百米长的根须，让人惊讶。

在人类里面找不到一个从小到大不虚荣的人。人对身高、肤色、种族、相貌制定了苛刻的准则，这样的结果导致歧视与自卑，这些毫无道理的观念，佛教称之为染识，它是被污染的观念，虽无自性，却被人牢牢抓在手里，烙刻在人的心里度过一生。个子矮、相貌丑、身材胖会怎么样？受他人歧视，自感自卑是多数人的体验。人真是可悲，竟被这些外在的观念左右着，愈想摆脱愈被它套牢，妄度时光。大自然比人类高明得多，大与小、高与矮、黑与白绝不会是各个物种歧视与自卑的理由。蚂蚁的可敬在它不在意它的小，黑豹不惭愧它的黑，白鹤不得意它的白。把黑白大小这些观念抽象出来变成尺度是人类的进步吗？这是落后，比动植物更落后。

佛教从另外的角度观察人的虚妄。其意曰：持有什么观念并无不可，但把事情加以区别就错了，譬如区分黑白。退一步说，持有黑白之念亦无不可，抓住这个观念就错了（抓住什么观念都是错的，观念无所谓对错，抓住不放即错）。此错被称为执着，我执或法执。

执着何谬？它相当于船被水冲出好远，却在船帮上刻一道记号求落水之剑。执着违背于周遭每时每刻的变化，所有的执着都意味着你抓在手里的是一个旧观念，误把去年的枯枝当作新蕾观赏。你看到的新蕾是由你的心捏造的，与事实无关。而所谓“事实”也只是转瞬即逝的“过去”而已。

席慕蓉珍怜这些草原的小树。她画旷野上一棵矮矮的小树，光线赋予它长长的影子，好像它原本可以长得很高，好像它心里的高度长在了长长的影子里。这道坚实的影子穿过了整个山坡，好像说山坡都是它的领地。

山坡确实是这棵小树的领地，这里没有其他树，它是唯一的树王，统领着无边的碧绿的青草。青草在春天开放小花，仰望这棵树。青草和花透着树的枝叶看到太阳的光圈以及夜晚的月晕。花草觉得小树已经够高大，没必要再高大。

矮小的山杨树在它的身体里储备了足够与狂风搏斗的力量，抵御冰雪的力量。这些力量藏在树的什么地方谁也不知道，需要的时候，拿出来用就可以了。小树不需要为显得有力量而长得太粗壮，太高大。在山坡上，在太阳下面，它的身高刚刚好，十分完美。

少女的集市

金银花是忍冬科植物开的花。花刚开白色，过几天转成金黄，得名金银花。花入药，治肿痛瘰疬。此花比治病更好的是它的名——金银花，两样好东西都在它身上。

金银花开起来，花瓣别在背后，像收拢翅膀的鸟在气流中滑翔。它的花蕊纷纷扬扬探出来，像一帮小瘦人跳转圈舞。金银花是藤本植物，花开一片，上下成堆。花开三五日，有花皎白，有花晕黄，金银全来了。并不是黄花在白花里穿插，是它们在“变”。起初都是银花，而后全成了金花，又有新的白花开放，一朵花扮两种角色。在中药里，它又叫双花。

我在上饶看到此花，流连难舍。我喜欢它开花时的“闹”，金银花的花瓣弯到身后，像一帮人光膀子练武，衣服下摆掖在裤子里，衣袖拖到了地上。当然，金银花更像少女。少女不练武。假如每支花蕊是一位女孩子，花树就是一处少女的集市。花蕊白嫩的细长身子戴一个小小的黄帽，所有的花蕊都戴着小黄帽。她们在花座上探身、后仰，像隔着一条河往对方身上洒水。的确，金银花活泼的花蕊吸引了我，它们比别的花蕊更天真。花蕊上没有眼睛和嘴，但分明在乐，乐得前仰后合。一丛忍冬，开出上百朵金银花，千只花蕊出来嬉戏，让人赞叹。

金银花善变，由银花变成金花，尽管金银只是人对它的比喻。人把自己认识的好东西送给了忍冬的花朵。银变金不是枯萎，是蜕变，由皎洁而灿然。万物无时不变，天道可以谓之道，即在变。昼明夜暗，阴晴互转？大地从青翠到覆雪，年年月月分分秒秒在变。人也在变，在变中获生。不变的人犹如不流的河，慢慢臭了。血液、肌肉、骨骼拼着命争氧气，争蛋白质，然后争着把废料踢出去。但人对此没感觉，若有感觉，显然太过打扰了。人觉着自己没变，一如旧日，其实你早已不是你——当然也不是别人——是另一个你，顶着原来的名字，兜揣原来的身份证。但你真跟过去告别了，时时都在告别。人们身上没长花，如有花开，花会告诉人——荣枯不过在眼前。植物和动物有着很大的不同。人和花一样，问题不在变没变，而在怎么变。如果花去美容、割双眼皮、去皱、文眉，花园就成了假货集中营，不知谁是花，谁不是花。但花草比人更合天道，去留无意，一派自然。

银花在枝头挺立。天边的群山苍翠，山谷里装满白云。银花如一个盼望上学的孩子，眺望远处的山路。金花有一点儿疲倦了，侧卧在叶子上休息。它从银花的皎白中看到自己逝过的时光。中医称黄为正色，主阳，用流行的话叫正能量。金花没见过黄金，因而只主阳不主贵，但清热。银花像雪花一片片堆在枝上。雪落在5月，太早了。再过两天，雪片似的银花也会变成金花。大自然性格果决，办什么事情都不拖泥带水。

松　塔

松树像父亲，它不光有朴厚，还有慈父情怀。松树的孩子住得比谁都好，小松子住在褐色精装修的房子里，一人一个房间，人们管它叫松塔。

松塔与金字塔的结构相仿，但早于金字塔。人说金字塔的设计和建造是受到了神的启发，而松树早就得到过神的启发。神让它成为松树并为子孙建造出无数房子——松塔。

在城里的大街上见到松树，觉得它不过是松树。它身上的一切都没有超出树的禀赋。如果到山区——比如危崖百尺的太行山区——见峭岩上的树竟全都是松树，才知松树不光“岁寒，然后知松柏之后凋也”，凋不凋先不说，只觉得它们每一株都是一位圣贤，气节坚劲，遍览古今。

或许一粒松子被风吹进了悬崖边上的石缝里，而石缝里凑巧积了一点点土，这一点儿土和石头的缝隙就成了松树成活五百年的故乡。事实上，被风吹进石缝里的不光有松子，各个种类的树籽和草籽都可能被风吹进来，但活下来的只有松树和青草，而活得卓有风姿的只剩下松树。

松树用根把石缝一点点撑大，让脚下站稳。它悬身高崖，每天都遇到劲风却不会被吹垮。我想过，如果是我，每天手把着悬崖石缝垂悬，第一会被吓死，第二是胳膊酸了松手摔死，第三是没吃的东西饿死，第四是被风干成木乃伊。而松树照样有虬枝，有凛凛的松针，还构造出一个个精致的松塔。

松塔成熟之后降落谷底——以太行山为例——降落几百上千米，但松子总有办法长在高崖，否则，那崖上的松树是谁栽的呢？这里面有神明的安排。神明可能是一只鸟、一阵风，让松子重返高山之巅成为松树，迎日月升降。

每一座松塔里都住着几十个姐妹兄弟。原来它们隔着松塔壳的薄薄的墙壁，彼此听得见对方梦话和打鼾。后来它们天各一方，这座山的松树见到另一座山的兄弟时，中间隔着深谷和白雾。

像童话里说的，松子也有美好的童年。第一是房子好，它们住楼房，这种跃层的楼房结构只有西红柿的房间堪与比美。第二是气味好，松树家族崇尚香气，它们认为，大凡万物，味道好，品质才会好。于是，它们不断散出清香，像每天洗了许多遍洒精油的热水澡。松子的童年第三好的地方是从小见过大世面。世间最大的世面不是出席宴会，而是观日出。自曦光初露始，太阳红光喷薄，然后冉冉东升，未见其动，光芒已遍照宇宙，山崖草木，无不金光罩面，庄严至极。见这个世面是松树每天的功课，阳气充满，而后劲节正直，不惧雨打风吹。松树于草木间极为质朴，阳气盛大才质朴，正像阴气布体才缠绵。阳气如颜真卿之楷书，丰润却内敛，宽肥却拙扑。松树若操习书法，必也颜体矣。

松塔里垒摞着许多房子，父母本意不让兄弟分家，走到哪里，手足都住同一座金字塔形的别墅。但天下哪有不分家的事情？落土之后，兄弟们各自奔走天涯。它们依稀记得童年的房子是一座塔，从外观看如一片片鱼鳞，有点儿像菠萝，更像金字塔，那是它们的家。小时候，松子记得松树上的常客是松鼠，它仿佛在大尾巴上长出两只黑溜溜的眼睛和两只灵巧的手。松鼠经常捧着松塔跑来跑去。

月光下，松塔啪地落地，身上沾满露水。整个树林都听到松塔下地的声音，它们在房子里炸开了，成为松子。从此，松子开始天涯之旅，它们不知自己去哪里，是涧底还是高山，这取决于命运的安排。它们更盼望登上山巅，体味最冷、最热的气温，在大风和贫瘠的土壤里活上五百年，结出一辈一辈的松塔，让它们遍布群山之巅。

松　针

如果向松树问路，松针会用手指给你指几千个方向。它不认为只有一条路，它觉得上下左右都是路，蜜蜂和小鸟正四处飞翔。

《楞严经》上说：世为时间纵流，界为东西南北，另有东南、西南、东北、西北与上下。不光有四面，还有八方。《淮南子》上说的宇与宙，也指时间和空间。松针说，在东和东南之间，还有扇面一般无尽的向度。松针的道路遍布虚空，打碎了空间观念。

在松树上，松针是它的花，一朵朵绿色的刺猬花开在松树枝头。松树贞直，你想象不出它的叶子会是片状，那太像瓜的叶子、杏树与桃树的叶子。松树的叶子绝不单薄，必定刚劲，这样的叶子如果不是拳头也是针，与浑圆的枝干匹配。

松树的针无碍于其他动植物的生长，它只是威风凛凛，只是不流凡俗。一棵浑身是针的树，决不会弯腰乞讨，也不会像藤一样攀援高枝，它自己就是高枝。一棵树，究竟要练多少年才练出千万根针？它把那些柔软的叶子卷起来，变成针。这些卷起来的绿叶写满了松树的日记，记载它怎样把根扎在岩石里，怎样从石头缝里找到水。它记载了松香的秘密配方，比香奈儿的香水还香哪。它把这些秘密都卷了起来，掰都掰不开，变成了一根根绿的针。如果到过寒冷的北国，就知道一棵严冬不落叶子的树要何其坚韧，除非它的叶子是针。

大雪降下来，日日夜夜。雪幕如羊毛的门帘子被风吹起，放进来无数只羊。松针瞄准雪花但扎不到雪花，它宛如在风雪里爆炸的绿色焰火。雪一层层裹住松针，雪在枝头屯集。雪从松针边上塌下来。松树比别的树更了解寒冷，当所有树把叶子丢弃在地上时，松树却不让松针漂泊天涯，树在，针就在。它们在枝头生死相依。松针不枯黄，不委顿，它们如悬崖边上的斗士，不知何为退路。松针在广大的冬天看到了北国的树叶看不到的景物。在雪地里，黑黢黢的树干如火烧过，它们的叶子早已化为泥土。雪地里的窟窿是兔子的脚印，鸟如一颗子弹飞向毫无遮拦的树枝。风呼啸而来，千万根光秃秃的树枝在风中飞舞，鞭打雪花。河流结为黑冰，下沉于萧瑟的河床。偶尔有哪一棵树顶端的叶子没有落，一如遇难的人扯着手巾抖动，它将一直抖动。大雪藏匿了山峦，下不来山的灌木在山坡上猜想被雪没收的路。

松针在严冬里翠绿，保存着千鸟飞绝、万径寂灭之后的绿。松树用松针收藏了一年四季。冬天穿不透松针的身体，松树在冬天过着夏天的日子，为大自然保留着唯一的绿。

松针如钟表的针，它把时间指向过去现在未来的任何一个时刻，指向去年前年乃至童年的某一个时刻。如果你向松树打听时间，松针会告诉你一千个时刻，包括分、秒、时。表针在枝头伸张，但人早已忘记那是什么时刻。时间不是一条横贯而过的直线，它通向四面八方，与空间相连。人在松树前观望，看到时间纷纷如簇。看见松树放射比猫胡子坚硬的光芒。春天里，松针的白雪化为融冰，用晶莹衬托着松针，冰的水把每一根松针洗干净，仿佛它们是刚刚长出来的新松针。

桃　子

没见过哪一种水果像桃子这么性感，这么鲜艳欲滴。像是一个人——显然是成熟的女人在哈哈大笑。她的笑声停不下来，颤抖中充满了甜蜜。

我吃桃子没有一口气吃下去的习惯，先看一看它怎么回事。孙悟空为什么喜欢吃桃而不是火腿肠。桃子头顶的红晕证明它此刻正在晕眩中，不知道为什么被人摘下来运到这里，更不知道有人要吃它，否则就要生白晕而非红晕。

熟透的桃子像一个穿游泳衣的女人——又是女人——湿漉漉地站在池边。泳衣是由于丰满而非下水弄湿的。秋天里，所有的水果都在成熟，只有石榴和桃的样子在说自己熟透了。石榴熟透由牙齿暴露。古语称：笑不露齿。石榴把这话听反了，让牙跑出来笑，表明成熟在它身体里的震感比地震还强烈。桃子抿嘴笑，满面绯红。桃子的笑容和它甜美的滋味同出一辙。人吃桃无一不被汤汁弄得败下阵来，和吃柿子败下阵来相仿佛。吃桃的时候，桃的衣服一捏就下来——这一点和女人毫无相同之处——于是手无处可放。光溜溜的桃肉根本捏不住。双手捧桃像猴，好像唯独他一人没进化到位。人捏着弄着吃这个桃，汤汁沾腮，如儿童一般。桃肉不像苹果那么严谨，吃一块是一块。桃不论块，论堆。咬下这堆桃肉却有丝络牵连，汁水四溅。桃衣早已一脱到底，它不像西瓜皮以一厘米的厚度管理汤汁外泄。桃把人吃得有一点点狼狈，像日本人那样越来越哈腰，吃完紧忙擦腮帮子，狐疑俯看衣襟左右是否沾上绯迹。

桃欢乐，人吃桃从头到尾这套动作，显示着桃的欢乐。桃子有一点儿恶作剧，有一点儿大咧咧，但甜美。桃子的祖传家训乃是甜美，用不着转基因再甜美。什么人就是什么人，三岁看老包括桃，岂有他哉。桃子不哭泣，下雨天挂在枝头的桃子也像游完泳的孩子一样欢笑。世上有人哭就有人笑，命运分配给桃子的任务是笑，那就笑吧。哈哈哈！哈哈哈哈！哭不缺少理由，就像笑不需要理由，哈哈哈，我看见桃子就想笑，日本品种的“久保桃”在中国变成了“九宝桃”，哈哈哈！我奇怪卖桃人守着喜笑颜开的桃为什么不笑呢？要等到电视里的春晚语言类节目上场才笑吗？中国并没有加入废除死刑的国际公约，为什么舍不得枪毙春节晚会最不可笑的相声小品呢？

很久以来，人类开始鄙视自身的胖。桃不然，无桃不胖。桃明白，牛胖了被宰，牛如果瘦成一条蛇更容易被宰。桃不想像核桃那样用皱纹伪装聪明。核桃如果聪明就不应该香脆而应该像杏仁那样苦。核桃仁的形状尽管像人的大脑，但它一秒钟也没思考过。木瓜虽然像人的乳房，却一滴乳汁也挤不出来。茄子更挤不出来。

桃给世界带来了什么？甜美的果肉，笑，还有桃花。桃花绯红，如同春天里落地的粉红轻云，十分适合釉上彩。桃花落在渠水里惹人怜惜，桃花落在驿道让人伤别，桃花被风吹到春天的粪堆上宛如命运不公，好像比苹果花吹到粪堆上还不公。可见桃子在桃花时代就引人注目。人类早就用桃花阐释命运。算起来，桃花运不算什么好运，逃离桃花才转好。陶渊明说的那位打鱼人“忽逢桃花林，夹岸数百步，中无杂树，芳草鲜美，落英缤纷”。这片林子走完了，“便得一山，山有小口，仿佛若有光，使舍船，从口入”。是说，世外桃源原本跟桃花林没关系，跟“山有小口”有关，是俩地方。打鱼人从小口进入村里，见屋舍俨然，阡陌交通，此文没再提桃花的事。

藤

藤不是树不是根，又似根似树。树直立，根在地下爬行。藤选择做一根藤，是植物里的龙蛇。

藤是植物里的猴子，它想去一切地方。藤想知道泉水从什么地方流出，野果边上有没有刺猬的洞。藤在悬崖爬上爬下，把阵线搞乱，没有哪一棵树像藤这么胡闹。树像士兵一样站在哨位，一辈子没往前走过一步。

藤直不起腰，它需要挂在什么东西上。藤做的事情叫作借力。它认为所有的地方都是肩膀。它拍过石头、树和草的肩膀，然后向上爬。藤好奇心重，想知道高处有什么，想知道高处的高处还有什么。藤编织了森林里的蛛网。

藤被庄子的故事吓住了：树越成材越近刀斧。树一旦丰厚挺直就成了床，供人坐榻，成了桌椅板凳和皇帝的案子。树不读书也被迫充当书架。藤是明白人，树成了材也不过是大立柜，变成夹肉的筷子自己却吃不着。藤以不才自喜，它要做一个山野流浪汉，东奔西走，居无定所，就这么办了。

藤不开花，它情愿寒碜，像穿褐色雨衣的药农。在雨里，藤的衣衫像石头一样黑湿黏滑，不开花。植物开花，只是一个富贵的梦想。花开过，花瓣被风揪走、被流水偷走，花记不住自己到底有几个花瓣。开花的树多少有一些矜持，像做家务的男人，更像粉墨面世的梅兰芳。藤没有开花的基因，算球，不开就不开。藤假如开了花，必定妖邪，像身怀杂种的茨岗女人。藤把开花的力量变成皮革般的纤维，坚韧不拔。

日本这个地方国小藤多。他们建立户籍制度时国人无姓，名阿三阿四。官令民有姓，民取“田、山、松、井”等山野事物做姓，缀以方位名词“中、上、间、下”。也有“藤”，“藤野”“佐藤”不是一根藤。山多藤就多，平地有草没有藤。日本的藤是造床材料、造桥材料。藤条抽人人疼。

中国的文人画里，写藤见到笔墨功夫。毛笔先天适合写藤，藤之老劲虬顽，以墨之滞迟枯涩应对之。黄宾虹说，笔做什么？分明；墨做什么？融洽。黄宾虹把笔墨最上境界称为“融洽分明”。他的《画语录》常说笔法，“笔分八面”是黄宾虹的标志性言论，但他的画最好的地方仍在墨法，茂朴华滋显示黄墨的神力。有画家研究黄宾虹一辈子，不知他做哪一种皴法，我说黄宾虹山水无皴法。他问是何法，我说不告诉你。画藤也无皴，见清楚笔法，所谓线。朱耷画荷茎与藤何其相似，只是墨性不同。毛笔的线——齐白石称运笔要迟，石鲁的线却飞快——在画藤时显出疾徐枯润，显示毛笔的霸蛮。齐白石说毛笔可夺天工。一般画家不画藤，也画不了藤，他怕别人说他在画蛇或画井绳。徐渭是墨藤祖先，其藤怒而刚烈。齐白石的藤显露金石章法。藤在文人画里上了厅堂，化大野为大文。文人画的藤叛逆，臣服朝廷的人肯定不画藤。藤在笔墨之间不只纠结，是不求纠结纠结自来。大师的墨藤肚子里有火，是身在江湖不屑江湖，是好纸好墨，是不皴，是仿家画不来的黑道道。藤是国画里的美人。

就这样，艺术远离着生活。在所谓“生活”里，藤变成屁股下的椅子，被屁熏得油汪汪地黄。藤是蛮人孟获的盾，是西南少数民族孩子上学路过的桥梁，是供养苔藓、昆虫的共生体。森林里，藤比树烂得慢，它属于筋一类炖不烂的东西。藤是高加索山民采野蜂蜜的梯子，它见过无数采蜜人摔进山谷。

第四辑 水

这是早上五点半，轻纱般的白雾在湖上飘移，好似幕帘。

布尔津河，你为什么要流走呢？

布尔津河像一张长方形的餐桌，碧绿色的台面等待摆上水果和面包的篮子。河水在岸边有一点儿小小的波纹，好像桌布的皱纹。

我坐在山坡上看这张餐桌，它陷在青草里，因此看不见桌子腿。这么长的餐桌，应该安装几百条腿或更多结实的橡木和花楸木腿。小鸟从餐桌上直着飞过去，检查餐桌摆没摆酒杯和筷子。其实不用摆筷子，折一段岸边的红柳就是筷子。现在是 5 月末，红柳开满密密的小红花，它们的花瓣比蚊子的翅膀还要小。这么小的花瓣好像没打算凋落，像不愿出嫁的女儿赖在家里。红柳的花瓣真的可以在枝上待很久，没有古人所说的飘零景象。

来会餐的鸟一拨一拨飞过了许多拨，它们什么也没吃到，失望地飞走了。有的鸟干脆一头扎进桌子里面，冒出头时，尖尖的喙已叼着一条银鱼。这就是河流的秘密，吃的东西藏在桌子底下。

青草和红柳合伙把布尔津河藏在自己怀里，从外表看，它不过是一只没摆食物的餐桌。为了防止人或动物偷走这条河，红柳背后还站着白桦树。白桦树的作用是遮挡窥视者的视线。青草、红柳和白桦树每次看到藏在这里的布尔津河干净又丰满，心里就高兴，它们竟可以藏起一条河。但它们没想到，布尔津河一直偷偷往西流。表面看，河水一点儿没减少，仍像青玉台面的长餐桌，但水流早从河床里面跑了。假如有一天青草知道了布尔津河竟然一直在偷偷流，它一定不明白河水要流到什么地方去，还有比喀纳斯更好的地方吗？

青草喜欢这里，它不愿意迁徙的理由是河谷的风湿润，青草在风中就可以洗脸。青草身上的条纹每天都洗得比花格衬衣还好看。这里花多，金莲花开起来像蒺藜一样密集。这一拨花开尽，有另一拨花开。到6月，野芍药开花，拳头大的鲜艳的野芍药花开遍大地，青草天天生活在花园里。可是，布尔津河你为什么要流走呢？

现在野芍药打骨朵了，像裂开的绿葡萄露出山楂的果肉。我用手捏了捏，花蕾的肉很结实，一颗手指肚大的花蕾能开出碗大的花。我想把山坡的野芍药的花骨朵全都捏一遍，好像说我手里捧过百万朵玫瑰（《百万朵玫瑰》——这是我昨天听华俄后裔张瓦西里唱的俄罗斯民歌），但我怎么捏得过来呢？把花捏得不开放怎么办？

草地、悬崖上都有野芍药花。开在白桦树脚下的野芍药花一定最动人，它像一个人从泥土里为白桦树献花。

白桦树，你怎么看都像女的，就像松树怎么看都像男的。白桦的小碎叶子如一簇簇黄花，仔细看，这些黄花原来是带明黄色调的小绿叶子。能想象，它在阿勒泰的蓝天下有多么美，而它的树身如少女或修士身上的白纱。当晨雾包裹大地又散开后，你觉得白桦树收留了白雾。我甚至愚蠢地摸了摸树干，看了看自己的手指肚，又用舌头舔了舔——没沾雾，白桦树就这么白。既然这样，布尔津河你为什么还要流走呢?

有一天，我爬上了对面的山。草和石头上都是露水，非常滑，但我没摔倒。我的鞋是很好的登山靴，它根本没瞧得起这些草和石头上的露水。登上山顶，看到了我住的地方的真实样子。木头房子离河边不远，像狗窝似的。黑黑的云杉树如披斗篷的剑客，从山上三三两两走下来。更黑的那块草地并不是云杉长在了一起，那是云朵落在草地上的影子。

布尔津河在视野里窄了，像一条白毛巾铺在山脚下，也有毛巾上摆着圆圆的小奶球，有一些奶球连在了一起。它们是云朵，这是蒙古山神的早餐。云，原来还可以吃的，这事第一次听说。山神那么大的食量，不吃云就要吃牛羊了，一早晨吃一群羊，还是吃云吧。雾从河上散开，一朵一朵的云摆在河上，山从雾里露出半个身子，准备伸手抓云吃。昨晚下过雨，木制的牛栏和房子像柠檬一样黄。不一会儿，天空有鹰飞过，合拢翅膀落在草地上，想要抓自己的影子。野芍药下个月就开花了，山神早上在吃云朵，偷偷流走的布尔津河把这些事情告诉给了远方的湖泊。

飞机八月窗飘雪

头些年，我坐飞机爱选靠窗位置。苍茫云海与我只有一臂之隔。我成了喀喇昆仑山顶的气象员，对云彩指指点点，颔首示意。我觉得飞机的舷窗好像小了点儿，是不是可以改成四十八吋电视机那么大呢？

我还想过一个事，舷窗实为侧窗，看不到大地，只见到云，而大地才最好看。可以在脚下开一个窗，让我们看一看大地嘛。玻璃窗上安盖子，愿意看的开盖观赏，不愿意看的关盖子睡觉。有人说飞机客舱下面是货舱，安不了玻璃窗。他说就算可以开盖，也要注明这不是痰盂，更不是马桶。

身边的舷窗也不错，早先仙人在天上看到的奇景都被乘机人看到。当然，是机长先看到。机长的窗户大，全视野，他往那儿一坐明察秋毫。飞到哪个地方，手拉哪个杆，按哪个钮，按几下，他心里全有数。我见过夕阳低于飞机，徐徐落山。地球表面的人认为它已落山了，而我看到它继续下坠，像一颗燃烧的铁球掉进海里，迸起万道金光，光芒射到离地面九千米高的飞机的铝翅膀上。所谓云朵只挡住人的视线，根本挡不住太阳。太阳落山时打开一把扇子，绘满奇幻的金光。我在飞机上俯瞰大海，海水蔚蓝无浪。如果海水颜色更浅一点儿，它就是另一个蓝天。我把海当成天不要紧，飞行员不误判就好了。海水看不到边际，把地球改为水球也很恰当。海水把云挤到了天边，它们成了不重要的泡沫。大海仿佛与天空一样大，没有东西南北，没有高山草原。海天相连处透光，覆盖弧形的穹顶。

8月的一天，我在飞机舷窗外见到了雪花。雪花大如香菜叶，落到地面可以拆分成十几片。雪的斜线虚虚飞过，落在舷窗上，急速拉成牛毛细的水线，这是8月雪。天上的雪片往哪儿落？只有云朵接着它。云上能积成茫茫的雪野吗？云兜点儿小雪还成，雪多就驮不住了。它落下去，落到地面之前被风吹成雨丝。我们的飞机像一头白熊在雪花里穿行，身旁全是白蝴蝶，我觉得把飞机拍下来蛮雄浑，它看上去非常勇敢。

天上有什么？只有云。雨和雪都来自云。滚滚云朵如白牦牛渡河，不见首尾。云朵缠绕飞机的肚子、翅膀和脖子，摸摸这只钢铁大鸟是不是真材实料。飞机的翅膀如两把大镰刀收割天上的白云，割下的白云像麦子一样倒在天上却掉不到地面。飞机把一层白云割为两层。但留不下大理石一般整齐的云的广场。

去德国那次，飞越一千多公里长的兴都库什山脉。

它是青藏高原的印度河和帕米尔高原的阿姆河的分水岭。山岭荒凉崎岖，我觉得这些峰峦之间正回荡着塔吉克人的乐曲。山头黑色的肩上披着白雪，如羊皮坎肩。那也美，荒凉崎岖之美。

天上看到的农田最美，小巧玲珑，匠心十足。从天上看工厂与开发区都不好看，一片疮痍。大地原本生长庄稼，畜养众生。工业化有什么好？得利的是人，而非自然。我猜想世界经历过许多次工业化，每一次都以毁灭世界而告终。世界耐心地从头再来，在荒砾上育出细菌和蕨类植物，生出水和植物，然后有人（不管是猴变的还是啥变的）直立行走。人掌握工具之后，开始发展。他们的发展插上科学的翅膀之后就刹不住闸了，地球启动自毁装置，像小孩推倒了火柴棍搭的房子。地球上，单单是土已有多么珍贵，这是地球生物运化多少年积攒的可以长粮食的根基。单单是水就有多么珍贵，没人能造出一滴水。祸害耕地和河流的到底是一些什么人呢？刑法上不设立毁地毁水的罪名，是一个大漏洞。把这两种劣迹从国土资源法和水利法中抽出来列入刑法定罪，人才老实。毁地毁水的后果比贪污受贿严重得多。

6月落雪、7月落雪、8月落雪，天空对大地多么温情，不忍看河水断流，不忍看草原上矿坑密布。天空洒下雪花，是想为干涸的河床添点儿水，覆盖大地的疮疤。天等不及了，8月就开始落雪。

风景一寸一寸敞开

我住在酒店八楼。楼下每天传来循环往复的女声广播——“黑龙江是我国第三大河流，俄罗斯人叫它阿穆尔河，蒙古人叫它哈拉木伦河，赶快上船吧！”

我想下楼告诉这个女人，阿穆尔河是蒙古语，不是俄语。西伯利亚的许多地名是蒙古语，如贝加尔、乌兰乌德、阿巴甘等。但我不想跟这个女人争论，她言说的核心是“赶快上船吧”，声音在风中缥缈，听上去像“赶快上床吧”，催人早睡早起。

“黑龙江是我国第三大河流……”从窗外传来时，我可能在睡觉（凌晨）或准备睡觉（夜晚），闻此言马上蹿至窗台观望我国第三大河流，一日无数次。大江丰满，大江从来不会急急忙忙。以黑龙江的宽阔而言，天际的云朵似乎只是它的陪衬。我看到，凌晨三点半开始，云朵就站立黑龙江两厢的天空，为它让道。黑龙江这时分应该叫白龙江，俄罗斯人应该叫它白穆尔河。江面如鲫鱼肚子一样银白。五点钟，这条肚子透出一些玉石般的微青。天上潦草的云朵挂上一些微红，如染色时代的照片那样浅而艳。我住八楼，江水不让我看到波浪，它也没什么波浪。成千上万吨的水流淌在平缓的河床里，要浪干什么？江的对面是我们的邻居俄罗斯。他们把中国原有的城市海兰泡改名为布拉格维申斯克（报喜城）。当年，他们在城里的东正教堂放置了一座报喜圣母像，而后改了城市的名字。这些人把中国原住民的辫子系在一起往江里赶，不从者被哥萨克用长柄斧子砍死。

如今，对面的城市有了繁忙的码头，七八座吊车日夜忙碌。夜里，这座城市最高最亮的楼房是中国人建造的五星级饭店，号称远东第一高楼。黑龙江是一条界河，收集着两岸不同的文化和历史。早上，从高楼上一眼望到对岸的国土，感到很近，近里又透着陌生。我早上、中午、晚上和夜里从我的窗户为江照相。画面上有这边的沿江公园、母亲塑像。在不同光线下，江水青碧、灰白、宝蓝，还有一种洋铁皮色。深夜里，黑龙江和它的名字最为吻合，江水完全漆黑。江里如果有龙也一定是黑龙而非黄龙。江上过船，船头两盏大灯亮起，好似我家黑猫飞龙的大黄眼睛。

黑河的江边公园是我在此地的最爱。自天亮开始，江边公园就布满人群，散步的、跑步的、打拳的、踢毽的，花花绿绿的衣装把江边打扮得比花圃还鲜艳。人们欢愉的表情仿佛说黑河是最幸福的地方。我想，如果哪个地方在江边建城市，如果江堤足够高，不妨把所有房子全建在江边，绵延一百里，让老百姓家家都高兴。我跑步，从港务局码头跑起，经过母亲塑像和十几座纯铜的狗熊雕像，一直跑到高架桥，全长三公里，往返六公里。跑步中，一边是江，一边是绿地，心旷神怡。人在跑，江水在身旁默默地流，如同你的脚步与时光被江水流走了。想到人跑步不过区区六公里，而江水日夜倾流，不知疲倦，人显得太软弱无力了。中苏交恶时，一天夜里，两岸边防军开亮探照灯，机枪嗒嗒扫射结冰的江面。双方都以为对方有人偷渡。事实上，是一只狗在冰上追一只狐狸。如今两岸祥和了，连江流的样子看上去都祥和，不疾不徐。跑完步，我一边落汗，一边看四外风景，有趣的是泳人。

黑河人管游泳叫洗澡。早晨，江边走来如海豹一般浑圆光着膀子的泳人。“洗去？”别人打招呼。“洗去！”海豹晃晃手里的毛巾。这些泳人三五个一堆，衣服脱在一起，下江。在黑龙江游泳，无论怎么游都被江水推着走。他们下江后，从几百米外的下游上岸，走回原地再下江。人在江里，只露个小脑瓜，实在比海鸥还渺小。上岸后，男人用毛巾被裹腰脱泳裤。有个女人，解泳衣，露出乳房，再裹毛巾被脱下面衣装，自然大方。跟晒黑的胳膊比，乳房雪白。

一天早上，我遭到暴风雨。我有一篇文章的题目叫《夜空里栽满闪电的森林》，放在那天早上才恰当。天色忽暗，闪电从天空伸脚到江中。江水起了波涛。北面的天空却露出半片蓝天，照得杨树叶子明晃晃地翠绿。江边栽种的小花簌簌发抖，花瓣如同不会飞的小鸟扇动翅膀。雷声从俄罗斯传到中国，又从中国传到对岸报喜去了。突然，江面像撒石子一样砸下一片雨点，像追着波涛砸。雷雨的闹腾刚开始，却突然休止，头顶迅速换上了蓝天，好像刚才的雷雨跟这块天一点儿关系都没有，比话剧团换布景道具都快。我接着跑步，想起美国诗人查尔斯·赖特的诗：

从蓝岭的另一侧
九月的猛雷布下了预攻的炮火
云黑下来，一层暗似一层
闪电炮口的火焰
灼烧乌云的心脏
风景一寸一寸地
敞开

赖特描写的与刚才发生的景色十分相像，好像他也来过黑河或者狗娘养的“报喜斯克”。

逛大明湖

这是早上五点半，轻纱般的白雾在湖上飘移，好似幕帘，拉开露一方美景，旋即合上，告诉你对美要珍惜。在白雾消散处，荷花宛似仙子坐在圆圆的莲叶降临水面。她们下凡的通道当然是那片柔漫的白雾。人说菩萨打坐就坐在荷花上，实在因为荷花太美，如同一座玲珑宝龛。而露珠凝立莲叶之上，立得滚圆。莲茎高高举起欲开又拢的红莲，让人忍不住想在这里的石桥栏杆上题一句诗：此处有仙境。

“四面荷花三面柳，一城山色半城湖。”清代诗人刘凤诰这两句诗是咏济南的诗章中最殊胜的诗眼，当年由山东巡抚、大书法家铁保书写刻在条石上，嵌于大明湖边的铁公祠西圆门侧。济南风光好，而济南人的自豪感全被此诗说尽。“四面荷花三面柳，一城山色半城湖。”此处不是仙境，仙境在何处？荷柳湖山，写的是济南，更是大明湖。

清风徐至，为我拭汗。风从荷叶吹来，带着晶莹的清气。我想起一位日本唯美派小说家的名字——永井荷风，这名字起得多好——荷风。人们来大明湖走走、转转、跑跑，都想把名字改成荷风，张荷风、李荷风，情致婉转。荷风自柳边来，柳丝依依，似与湖水倾诉万般心语。

在大明湖，荷花与柳枝为绝配。此景如同黄山的峭壁与青松是绝配，秦淮河上桨声与灯影为绝配，牛肉和大葱包饺子为绝配道理相通。天下事往往有绝配，人与人、物与物，有缘遇到一起，便成佳话。在大明湖边上，鹊山与华山也是绝配。登上汇波楼远望，鹊山在西，华山在东，遥遥相对。烟雨之日，两山脉脉含情。古时济南八景有此“鹊华烟雨”，元画家、书家赵孟頫曾有《鹊华秋色图》，记录美景。大明湖以往曾有鹊华桥，建于北宋诗人曾巩任齐州太守时。

曾巩主政齐州时，疏通了大明湖水，在北城墙修建了北水门。他用疏浚湖水挖出的泥沙筑了一道百花堤，栽花种柳。湖水分为东湖西湖，画舫云集，仕人往来。曾巩专门赋《百花堤》一首，记录欢愉心情。

逛大明湖不能不提千佛山。我小时候读刘鹗的《老残游记》，读过好多遍，一些写景的章节隐约可以背下来。刘鹗写千佛山称：“到了铁公祠前，朝南一望，只见对面千佛山上，梵宇僧楼，与那苍松翠柏，高下相间，红的火红，白的雪白，青的靛青，绿的碧绿。更有那一株半株的丹枫夹在里面，仿佛宋人赵千里的一幅大画，做了一架数十里长的屏风……低头看去，谁知那明湖业已澄净得如同镜子一般。那千佛山的倒影映在湖里，显得明明白白，那楼台树木，格外光彩，觉得比上头的一个千佛山还要好看，还要清楚。”

刘鹗这一段描写，那才叫明明白白、清清楚楚，有对色彩的敏感和大鼓书的韵致。说话间，走到大明湖西岸，荷柳依旧，雾散之后的湖面更显空阔明净。在这里走走、看风景是美事，看晨练的人则是趣事。

济南人热情豪爽，晨练时也表现鲜明。穿白绸衣舞红扇的女士列队起舞，似与荷花争艳。这里习武的人明显比其他城市多。练太极的、练七节鞭的、练剑的人正在昭示此地不仅崇文，兼以宣武。我还见一伙练摔跤的人，举石锁增添臂力，这种练法庶几近于古人。晨练之人相互感染，我是跑步者，也被舞者与武者感染。湖水波光潋滟，衬以荷花柳丝，运动者难免心旷神怡。我看到湖上水鸟翔飞，向人请教。身旁一位练石锁的壮汉说，这些年野鸭子多了，一种叫水鸡子，比家鸭个小，羽毛灰褐。另一种个头比水鸡子还小，头顶红羽，叫红冠子。一早一晚，常见到野鸭子戏水，成双游弋。

我见这位壮汉健谈，接着向他请教：大明湖的历下亭为什么叫历下啊？他答：历下指的是历山之下啊。我又问，历山在哪儿啊？我怎么没听说？

他反问：你不是济南人吧？我答不是。他说不是济南人也应该知道，历山就是千佛山啊！

哎哟！历山就是千佛山，我真乃孤陋寡闻，历山就是刘鹗写过的千佛山倒影之山。我谢过壮汉，转身就走。我光会跑步，却不懂风物常识，让人笑话。回家查了查书，得知舜帝为民时，曾在历山之下躬耕。《墨子》记载："昔者，舜耕于历山。"《史记》记载："秦兵次于历下。"春秋时，历山属齐国，秦代称历下邑，汉至清代都称历城县。此事除了我不知道，看来人人都知道。

海的月光大道

晚上，我在房间里站桩。面前是南中国海（中间隔着玻璃窗）。半个月亮被乌云包裹，软红，如煮五分熟的蛋黄。有人说面对月亮站桩好，但没说面对红蛋黄月亮站桩会发生什么。站吧，我们只有一个月亮，对它还能挑剔吗？站。“呜——”这声音别人听不到，是我对气血在我身体内冲激回荡的精辟概括。四十分钟“呜”完了，我睁眼——啊？我以为站桩站入了幻境或天堂，这么简单就步入天堂真的万万没想到——大海整齐地铺在窗外，刚才模糊的浊浪消失了，变得细碎深蓝。才一会儿，大海就换水了。更高级的是月亮，它以前所未有的新鲜悬于海上，金黄如兽，售价最贵的脐橙也比不上它的黄与圆，与刚才那半轮完全不是一个月亮，甚至不是它的兄弟。新月亮随新海水配套而来，刚刚打开包装。夜空澄澈，海面铺了一条月光大道，前宽后窄，从窗前通向月亮。道路上铺满了金瓦（拱形汉瓦），缝隙略波动，基本算严实。让人想光脚跑上去，一直跑到尽头，即使跑到黄岩岛也没什么要紧。

海有万千面孔，我第一次看到海的容颜如此纯美，比电影明星还美。月亮上升，海面的月光大道渐渐收窄，但金光并没因此减少。我下楼到海边。浪一层一层往上涌，像我胃里涌酸水，也像要把金色的月光运上岸。对海来说，月光太多了，用不完，海要把月光挪到岸上储存起来。这是海的幼稚之处，连我都不这么想问题。富兰克林当年想把宝贵的电能储存起来，跟海的想法一样。月亮尚不吝惜自己的光，海为什么吝惜呢？在海边，风打在左脸和右脸上，我知道我的头发像烧着了一样向上舞蹈。风从上到下搜查了我的全身，却没发现它想要的任何东西。风仿佛要吹走我脸上那一小片月光。月光落在我脸上白瞎了，我的脸不会反光，也做不成一道宽广的大道，皱纹里埋没了如此年轻的光芒。站在海边看月光大道，仿佛站在了天堂的入口，这是唯一的入口，在我脚下。这条道路是水做的，尽头有白沫的蕾丝边儿，白沫下面是浪退之后转为紧实的沙滩。我想，不管是谁，这时候都想走过去，走到月亮下面仰望月亮，就像在葡萄架下看葡萄。

脱掉鞋子，发现我的脚在月亮下竟很白，像两条肚皮朝上的鱼，脚跟是鱼头，脚趾是它们的尾鳍。我在沙滩走，才抬脚，海水急忙灌满脚印，仿佛我没来过这里。月光大道真诱人啊，金光在微微动荡的海面上摇晃，如喝醉了的人们不断干杯。海水把月亮揉碎、扯平，每一个小波浪顶端都顶着一小块金黄，转瞬即逝。大海是一位健壮的金匠，把月亮锤打成金箔，铺这条大道，而金箔不够。大海修修补补，漂着支离破碎的月光碎片。

小时候，我想象的天堂是用糖果垒成的大房子。糖果的墙壁曲曲弯弯组成好多房间。把墙掏一个洞掏出糖果来，天堂也不会塌。这个梦想不知在何时结束了，好多年没再想过天堂。海南的海边，我想天堂可能会有——如果能够走过这片海的月光大道。天堂上，它的础石均为透明深蓝的玉石，宫殿下面是更蓝的海水。天堂在海底的地基是白色与红色的珊瑚，珊瑚的事，曾祖母很早就跟我说过：如果一座房子底下全是珊瑚，那就是神的房子。天堂那边清冷澈彻，李商隐所谓“碧海青天”，此之谓也。在这样的天堂里居住哪有什么忧虑？虽然无跑步的陆地但能骑鲸鱼劈波斩浪。吃什么尚不清楚，估计都是海产品，饱含 ω-3 的不饱和脂肪酸。也许天堂里的人压根不吃不喝。谁吃喝？这是那些腹腔折叠着十几米肠子的哺乳动物们干的事，不吃，他（它）们无法获得热量，他（它）们的体温始终要保持在零上三十六至三十七摄氏度。为了这个愚蠢的设定，他（它）们吃掉无数动物和粮食。

海上的月光大道无论多宽也走不过去。天堂只适合于观看，正如故宫也只适合观看而不能搬进去住，连毛泽东也不住在故宫。我依稀看见脚下有一串狗的爪印，狗会在晚上到海边吗？我早上跑步，好几只毛色不同的狗跟在后面跑，礼貌地不超过我。我停下时，它们假装嗅地面的石子。我接着跑，它们继续尾随。我解释不了这种现象，也不认为我的跑姿比狗好，狗在模仿我跑步，可能是人跑步时分泌一种让狗欣慰的气味。如此我也不白来海南一回，至少对狗如此。晚上，狗到海边干什么来了？它可能和我一样被月亮制造的天堂所吸引，因为走不过去而回到狗窝睡觉去了。我也要回宾馆那张床睡觉去了，天堂就是眼睛能到，脚到不了的地方。它的入口在海南的海边有狗爪子印的地方，我在岸边已经做了隐秘的记号。

河边的灯芯草

美国作家爱伦·坡说："他听得见夜在黄昏时刻把黑暗倾泻在大地的声音。"我忘了是在哪本书上读到过他这句话，此刻突然想起来。但我听到的是另一种声音——风把草叶上的露珠倾泻在大地上的声响，那些露珠原本在柔软的叶子上站立着，可以滚向任何一个方向但哪儿也没去，等待在阳光中蒸发。我来到贝尔茨河边之后，风拿着镰刀收走了这些滚圆的露珠，好像怕我拿口袋把露珠装走。

根河这个地方有许多河，而我好奇的首先是大兴安岭山麓有许多地方以河命名。根河市北面连接黑龙江省的漠河县与塔河县。根河市内有金河镇、牛耳河镇。全市两万平方公里面积内，河长二十公里以上的河流有三十七条，河长四百多公里的根河经过这里汇入额尔古纳河。这里有金河、牛耳河、乌鲁吉气河、敖鲁古雅河与激流河。贝尔茨河是激流河原来的名字，鄂温克语。这些河不是上级划拨下来的，现在上级手里没河了。河北省基本没河，只剩下北。有河的地方必有丰富的植被，根河市森林覆盖率为百分之八十，居内蒙古自治区之首。大自然赋予他们这么多河流，是由于森林丰饶的原因。反过来也说得通，大自然赋予他们丰饶的河流，孕育了这么多森林。根河市介绍本市说，这些森林资源“是典型的国有林区”。我看不出这些树和每一棵树具备国有的典型特征，它们都是大自然的子孙并为人类造福。

贝尔茨河即激流河从森林的尽头流过来，黑松林与宽阔的河床之间有柳树的屏障，河水平静广阔，看不到激流。河水流近之后，水面现出一团团旋涡。这些旋涡好像锦缎长袍上的团花，如卐字的图案；也像剪纸作品牛身上旋转的花纹，表示牛身上有毛。旋转是大自然的一个谜，人与动物身上的毛发都沿旋转方向排列，否则长不出来。花的信子与花瓣都按旋转方向伸展与生长，太阳月亮都在旋转。阴阳鱼的太极图案抓住了这一特征——旋转。太极图还揭示了生长的另一个特征：阴中有阳，阳中寓阴；阴极阳生，反之亦然。河上的旋涡在表达水的力量。人把手伸进河水里，即知水流不是一股力量，而是千万股力量。河只在表面平静着，而它前进的每一步都是千百种力量冲突的结果。人说河水东流，但并不是每一股水都想往东流。水有自由的意志而无统一的念头，它们本意是向四外流，包括上岸逛一逛，但多种力量统合把它们变成了河流。还由于地势与月亮的吸引，它们才变成向东奔走的河流。河流未尝想流，它也可能想变成一个湖或钻进地下休眠，是各种力量推着它走，使它流动，继而灌溉农作物，把鱼群捎到远方产卵，让淤泥成为下游的沃土。

旋涡好像是河流开的花，像西瓜那么大，它绽放一秒钟即消失，身边冒出新的旋涡的花朵。河有河的想法，河羡慕河边那些花。在根河的森林和草地上，大朵的白芍药花旁若无人地盛开。外来的旅游者潜意识在这样想，这么好的花怎么没人采呢？想着并摘下一朵花。摘花人往前望，大白芍药花开到了目力所及的大片土地上，多不胜数，于是他失望地扔掉这朵不幸的花，只往眼睛里装填景色和花。河流羡慕这些花，河流急急忙忙地奔走，没时间在河水里培育一朵花，就用涡流假作花的圆形，好像是对向日葵的黑白素描画稿。做一朵不像，河流把它丢弃，再做一朵新花。就这样，河水边流边制作花朵，直到流入额尔古纳河乃至北冰洋。河流的一生竟如此短暂。如果一条小溪从山里流入北冰洋算八十岁的话，八十岁很快就到了。这一生它只流过几片草原，绕过几座山峰，做过一些记不清数量的涡流的向日葵花。

贝尔茨河岸边不光有野芍药花，在我看来，好看的要数灯芯草的花。灯芯草，又叫蔺草、龙须草。草茎像棕刷一样直立在黄泥和白色的石块间。我并没想用这些草刷我的衣服和鞋，我喜欢它的花。像一群红色白色的叶子攀爬草顶的山峰。有一种灯芯草开紫心白花，如一堆蝴蝶在草尖上开会。它们的花瓣好像是蜜蜂狭长的翅膀，五六片聚在一起开花。灯芯草长在河边，它比别的草更熟悉河流。人所看到的河流只是河流平常的样子，灯芯草看过贝尔茨河霜降时分的落日，碧草结了一层白霜，尽头是翻滚着落日的贝尔茨河。谁见过夏夜的河？星斗的数量刚好与虫鸣相对应。谁见过初雪的河流？雪片如蝴蝶飞进黑黑的河水里取暖。灯芯草在河畔度过春夏秋冬，最熟悉贝尔茨河的表情。

以《诗歌手册》传阅全美的诗人玛丽·奥利弗在《华兹华斯的山》中写道：

> 曙光抚过冻草的每一片叶子，叶子一片片燃烧起来，一齐烧出这片美景。那些寂静的挺立的草变成了魔杖，包裹在光的临时的衣服里。在这个清晨，我再也没看见任何别的东西，或者别的动的东西。狐狸的脚印就在我的脚印的前面，在霜地里开出一朵朵花。四下却见不到狐狸的身影。

借奥利弗的句式说，在这个清晨，我再也没见到任何别的东西，只有灯芯草，它在破晓的晨光里竖立金灯，花瓣如被灌木挂住在枝头飘舞的镀金的羊毛，贝尔茨河转着金色旋涡流向大桥的另一边。

河床开始回忆河流

大地上的河床像一个干瘪的口袋，粮食没了，口袋显出宽阔。我在各地见到许多干涸的河床，它们不是耕地，不是广场，是从天边延伸而来的河床，只是没有水。

所谓一无所有，说的正是河床。如果有，也只有一些鹅卵石。夏天，不长庄稼不长草的土地是干涸的河床。乍见白花花的河床，不免心里惊讶，它是什么？它几乎什么都不是。你能相信一条宽阔的河流竟然一滴水都没有吗？在雨后、在盛水期见到干涸的河床让人不安，无法想象当年这里曾经有过河，可以用汹涌、清澈、波浪和白帆形容的河，它竟然没了。

对大自然来说，河没了比人丢了钱更痛苦。如果河没了，鱼和水鸟的家也没了，两岸的青草没了，倒映在河里的星星也没了，因为星星不能倒映在石头上。如果河没了，连同河床一起消失是最好的。没有水，留下的河床好像是伤疤，是一条长长的干鱼的尸体。是的，干涸的河床如同尸体。是谁的尸体？是河的尸体吗？没听说河竟然还有尸体，水干了，白花花的河底只能是河的尸体。

干涸的河床好像在回忆，它抱着不应该拥有的沉寂回忆涛声和蛙鸣。河床回忆什么是水，它不知道水流到了什么地方，也不知道水会不会再来。当年水来的时候匆匆忙忙走过河床，带来鱼虾和泥沙。水没等站稳脚跟歇息，就被后面的水挤走了，水比车站的人流更拥挤。河床从来没想过一条叫作河的水流会干涸，这种惊讶比一个朝代的更迭更让人吃惊。

河床的悲哀是一个母亲的悲哀，她的产床上已经没有了孩子，她还在等待，并且哭干了泪水。一家外媒报道，从卫星上观察，中国境内二十年前约有五万条河流，现在这些河流中已经失去了两三万条。有两万多个河床母亲手里失去了孩子，她们怀里空荡荡的，等待人类把孩子还给她们。

人说，人是无所不能的。起初我不相信，当我看到一条又一条干涸的河床时，我相信了这一点，并为自己作为人类的一分子而感歉疚。人把河都消灭了，还有什么做不到吗？消灭一条河比建造（请原谅我使用的“建造”这个词，这完全是人类爱用的词，而河流无法建造）一条河更容易。把河流上游的树木和竹林砍光，草原沙化，河就死了，只剩下河床这条敛尸袋。

当大街出现一个带刀痕的死人时，警察会为这个人的死因搜寻原因，曰“侦查破案”，人类为此发明了一个词叫“人命关天”。如果一条河死了，没人破案，没人痛哭，更没人祭奠。所以，当中国死去两三万条河流时，人们并没觉得失去什么，因为他们不是小鸟不是青草。他们忍受气候变化并心安理得，却没一个人指认杀死河流的凶手。在所有的案件里，如果凶手不是一个人而是一个社会的时候，罪行自然会被赦免，我们都不是罪人。

我们都不是罪人，我们劝自己欢乐并制造更多的欢乐。电视台从国外引进娱乐节目在媒体上操纵人们哭笑，让人保持人的正常情感。而河床敞开空荡荡的怀抱，她的孩子没有了，她以为人会惊讶会替她找回孩子。先前的人类离不开河流，人类所谓的“文明史”都诞生于河流的两岸。看地图，人类的城市多建造于河边，中国有多少城市的名字带着水字边。古时候，人祭祀河、景仰河，后来竟搞死了河。人爱说“算你狠”，搞死河者，何止于狠，是把事做绝了。

我觉得人类应该派一个人到河边告诉河床，河已辞世，水利术语叫“断流”。他们理应为河床献上一些祭品表达歉意，河的消失毕竟算是大事。或者，他们应在河边装一个高音喇叭，日夜播放河水流过的声音和鸟啼声。总之，人应该为河的陨灭略微表示一点儿态度。

井

井是村庄的珠宝罐。井里不光藏着水，还藏着一片锅盖大的星空和动荡的月亮。

井的石壁认识村庄的每一只水桶。桶撞在石头的帮上，像用肩膀撞一个童年的伙伴，“叮——当”，洋铁皮水桶上的凹坑是它们的年轮。

那些远方的人，见到炊烟像见到村庄的胡子，而叫作村庄的地方必定有一口井，更富庶的地方还有一条河，井的周围是人住的房子。在黑夜，房子像一群熊在看守井。没人偷井，假如井被偷走了，房子就会塌。

井为村庄积攒一汪水，在十尺之下，不算多，也不少。十尺之下的井里总有这么多水，灌溉了爷爷和孙子。人饮水，水进入人的血管，在身体上下流淌，血少了再从井里挑回来。村里的人有一种类似的相貌，这实为井的表情。

井用环形石头围拢水。水不多也不少，在清朝就这么多，现在还这么多。村里人喝走了成千上万吨的水，水不增不减，不垢不净。多少人喝够了井水走了，降生面貌陌生的孩子来喝井里的水。井安然，不喜不忧，在日光下只露出半个脸——井只露半个脸，另半个被井帮挡着——轻摇缓动。井里没有船，井水怎么会不断摇动？这说明井水是活的，在井里辗转。在月光下睡不着觉，井水有空就动一动。

村民每家都有财宝罐，都不大，放在隐秘的地方——箱子、墙夹层，甚至猪圈里。而全村的财宝罐只有这口井，它是白银的水罐，是传说中越吃越有的神话。水井安了全村的心。

水井看不到朝暾浮于东山梁，朝霞烧烂了山顶的灌木却烧不进井里。太阳和井水相遇是在正午时光，它和水相视，互道珍重。入夜，井用水筛子把星斗筛一遍，每天都筛一遍，前半夜筛大星，后半夜筛小星，天亮前筛那些模模糊糊的碎星。井水在锅盖大的地方看全了星座，人马座、白羊座……都没超过一口井的尺寸。

井暗喜，月亮每月之圆，是为井口而圆。最圆的月亮只是想盖在井上，金黄的圆饼刚好当井盖，但月亮一直盖不准，天太高了。倘若盖不准，白瞎了这么白嫩的一个月亮。太阳圆、月亮圆、谷粒圆、高粱米圆，大凡自然之物都圆。河床的曲线圆、鸟飞的弧线圆，自然的轨迹都圆。人做事不圆，世道用困顿迫使他圆。圆的神秘还在井口，人从这一个圆里汲水，水桶也圆。人做事倾向于方，喜欢转折顿挫，以方为正。大自然无所谓正与不正，只有迂回流畅。自然没有对错、是非、好坏。道法自然如法一口井，大也不大，小也不小，不盈不竭，甘于卑下。

大姑娘、小媳妇是井台的风景。大姑娘挑水走，人看不见水桶，只见她的腰肢。女人的细腰随小白手摆动，扁担颤颤悠悠。井边是信息集散地，冒人间烟火，孩子们围着井奔跑。村里人没有宗教信仰，井几乎成了他们的教堂。但没人在井边忏悔，井也代表不了上帝宽恕人的罪孽。但井里有水，水洁尘去污，与小米相逢化作米汤，井水可煎药除病。井一无所有，只有水。一方水土养一方人，水说的是井与河流，土是耕地。对树和庄稼来说，井是镶在大地的钻石。鸟不知井里有什么，但见人一桶一桶舀出水来，以为奇迹。春天，井水漂浮桃花瓣。入井私奔的桃花，让幽深的水遭遇了爱情。花瓣经受了井水的凉，冰肌玉骨啊。从井里看天，天圆而蓝，云彩只有一朵。天阴也只阴一小块，下雨只下一小片。井里好，石头层层叠叠护卫这口井，井是一个城。

井是白银的水罐，井水变成人的血水。井无水，村庄就无炊烟、无喧哗、无小孩与鸡犬乱窜。庄稼也要仰仗井，井水让庄稼变成粮食。人不离乡，是舍不得这口井。家能搬，井搬不了。井太沉，十挂马车拉不走一口井，井是乡土沉静的风景。

泪水的盐

在所有的水里，唯有泪水代表情感。泪水连着心房，情动于中，思绪化为泪水，一滴滴爬上眼眶。

像喷嚏无法阻止、笑无法阻止，谁也阻止不了泪水流淌。泪流如水流，它不管你的尊严、你的难堪，径自冲下来。泪腺应该是心血管的一部分。心里有东西破裂了，涌出泪。

流过泪，人常常沉默着，泪水和语言不兼容。人在哭泣中说不成句，谈吐异常困难。泪水里有情感，而语言真假莫辨。泪不与言词为伍。

哭过的人会茫然、会醒悟、会孤独，会在心里跟自己说话。哭泣是人生大动作，你没选择它，它却选择你。被哭泣选中的人，心里有悲伤、有委屈、有失望、有软弱，但没有放弃。哭泣是哭的人不愿放弃一样好东西。

人在哭泣时拭泪，颧骨被擦得红而新鲜，故有一词——以泪洗面。以泪洗过的面庞像火里的金子，有烧不化的明亮。泪水没浇过庄稼，没养过鱼，没化过墨块，它是什么水？此水发乎悲伤，止乎平静，像雨过天晴，泪的后面是静寂。

人把流泪看成是大事，但流泪对小孩子是日常功课。小孩子为一切事情而哭泣，他们心里快乐却最多。孩子们常常“破涕为笑”，这有多么奇怪。泪水与笑中间竟然只隔一张纸，捅破了是泪水，糊上是笑声。

在好的戏剧与文学里，观众与读者含着泪水发笑，同小孩子情形相近。好作品告诉人，喜与哀原本在一起。笑发自人物的苦痛，泪缘于自己的创伤。

泪水不羁，想来就来想走就走，它们是天风海雨，四处寻找悲伤和孤独的人。泪水见证了世上的苦难从来没有停歇。

人看不到别人暗地的泪，每个人都孤独地洒过泪，自己不一定记得清。人把“哭”列进羞耻机制里，泪水被赋予软弱的定义，故而人恐惧自己的泪水。科学说，泪水是非常好的药剂，清洗眼球、营养眼球，泪水中的几十种成分至今无法人工合成。

人拒绝并远离宝贵的眼泪，因为捧不起它的重量。人在流泪的一瞬间会弯下腰双手捂脸，会躺在床上。泪水最重，人扛不起泪。流泪时，人常常垂首。

泪里有什么？八十多种物质的化学分子式解释不清其中的情感。

泪水里有盐。

人知道血里的盐（钠）掌管细胞膜的平衡。泪水的盐从哪里来？盐的源头不是脂肪、肌肉和骨骼，它只能来自血液。

血里的盐被泪水抽走，清洗眼球、清洗破碎的心。泪水是透明的血水，流出体外，减轻压在心上的痛苦。

有人早已无泪，泪干了；有人终生洒泪，恻隐心重；有人不为他人洒一滴泪；有人看电视剧流泪却不为娘亲老子流泪；有人练会了假哭的本领。

泪有传染性。泪可以营造一个哭的场，让善良人跟着忧伤。泪引发鼻孔毛细血管充血并堵塞。泪无法收藏。

在所谓历史博物馆里，应该有收藏泪水的玻璃瓶，写上这是谁的泪，为什么而流。饥荒中垂死人流的泪、冤屈人的泪、演员的泪、伟人的泪，都放在瓶里。这是一个小小的透明之血的博物馆，它说不出一切，但记录了一切。泪里有盐，像海里和血里有盐一样，有盐的地方就有风暴。

买一亩大海

买一亩大海，就买到了一年四季日夜生长的庄稼。庄稼头上顶着白花，奔跑着、喧哗着往岸边跑，好像它们是我的孩子。对，它们是浪花，但对我来说，它们是我种的庄稼。

大海辽阔无际，而我有一亩就够了。其实我不懂一亩有多大，往东多远，往西又有多远。别人告诉我，一亩是六百点六六六七平方米。够了，太够了。六百多平方米表面积的大海，足够丰饶。买下这一小块大海，我就是一亩大海的君王。

在我的海域上，没人来建高楼，没人能抢走这些水，我的水和海水万顷相连而不可割断。再说他们抢走海水也没地方放。这里没有动迁，没车因而不堵车。如果我买下这一亩海，这片海在名义上就属于我，而这片海里的鱼、贝壳乃至小到看不清的微生物，更有权说属于它、属于它们。是的，这一小片海在我爷爷的爷爷的爷爷的朋友的朋友的朋友活着的时候就属于它们——包括路过此地的鲸鱼和蹒跚的海龟，以后也属于它们。我买下之后所能做的只是对着天空说：我在这儿买了一亩大海。阳光依然没有偏私地继续照耀我这一亩海和所有的海，日光的影子在海底的沙子上蠕动。

一亩大海是我最贵重的财产，我不知怎样描述它的珍奇。早上，海面的外皮像铺了一层红铁箔，却又动摇，海水好像融化了半个太阳。上午，如果没有风，我的海如一大块（六百点六六六七平方米）翡翠，缓缓地动荡，证明地球仍然在转动，没停歇。如果你愿意，可以闭眼憋气钻进翡翠里，但钻一米半就会浮上来，肺里也就这么多气体。这时候，适合于趴在一块旧门板上（买船太贵）随波逐流，六百多平方米，够了，太够了。在我的领海上，我不会用线、用桩什么的，更不会用铁丝网什么的划分这块海，被划分的海太难看了。一个人的私权意识表现在大海上，就有点儿像蚂蚁站在大象身上撒尿。海的好看就在一望无际。到了晚上，“海上生明月，天涯共此时”。这两句诗连这里的螃蟹都会背，不是人教的，是海教的。金黄的月亮升起来，黑黝黝的海面滚过白茫茫的一片羊群，没到岸边就没了，也许被鲨鱼吃掉了。在海边，你才知道月亮原本庄严，跟爱情没什么关系。在星球里，唯有月亮显出一些笑意，我是说海边的月亮。

我还没说一亩大海在下午的情形。下午，这亩海有时会起浪，包括惊涛骇浪。海不会因为我买下就不起狂风巨浪，海从来没当过谁的奴隶。海按海的意思生活才是海，虽然九级大浪卷起来如同拆碎一座帝国大厦，虽然海会咆哮，但它始终是海而没变成别的东西。

谁也说不清一片海，尽管它只有六百多平方米的表面积，说不清它的神奇、奥妙和壮伟。何止早午晚，海在一年四季的每分每秒中呈现不重复的美和生机。买海的人站在海边看海，鸟飞去飞来，鱼游来游去。海假如可以买到的话，只不过买到了一个字，它的读音叫“海”。世上没有归属的事物，只有大海，它送走日月光阴，送走了所有买海和不买海的灵长类脊椎动物，他们的读音叫“人”。

没有年纪的小河

人的记忆宛如一个湖，湖水澄明，空无一物，水下面却有水中世界的一切，丰富庞杂。

我舅舅昭日格图的房子后有一条小河。小时候，我去他家三天之后才发现这条河。他的土房子由草泥垒成。一锹挖下去，方块的草泥就成了垒房的坯。泥里夹杂半尺长的草根，像葱根一样雪白密集。他们把在河边挖的草泥搬到木制的牛车上，草泥上还长着两三寸高的青草，像方头方脑的绿头发。泥坯沉重、坚固，里面有草根交织，永远不会松散。牧民把草泥拉回来，选好一个地方垒房子。阳光照在他们黑红的胳膊上，胳膊薄薄的皮里有肉瓜灵活地窜动，像煮熟的牛小腿的腱子肉，由此我想到了酱油。他们七上八下搬运胶皮似的草泥垒墙，有人站在墙上拎着鹅卵石的坠吊线。肉瓜们忙碌半天时间，垒成房框子。牧民们砍几棵杨树架在房框上当梁。梁上铺红柳的苫笆，糊上泥，房子就盖好了。垒墙时我希望看到把长草的一面朝外，他们却不这样办，草面朝上。房子矗起后，泥块上带着铁锹的挖痕，那是钢铁切开泥土留下的光滑痕迹，比用泥抹子抹得紧实。泥块与泥块之间露出一层青草，像绿油漆在黑泥上画的粗线。

说这个，是因为我最近又回到那里——巴林右旗白音尔登苏木。我舅舅搬到了城里住，乡下还有草场。那间土房子还没有坍塌，它像老人一样个头矮了一些，不知是前墙矮了还是后墙矮了。我量身高比年轻时矮了一厘米，医生说是脊椎间隙磨薄了。土房子上画绿格子的青草早没了，不是枯黄，是没了，我离开那里已经四十多年了。房子拆掉了窗户，露出黑洞，屋里装工具。它成了一幅黑白照片，衬着灰绿的草原、紫红色的摩托车和似转非转的风力发电机的乳白色风扇。然而房后的小河还在那里，哪儿也没去，没褪色成为黑白照片。小时候，我和我姐姐塔娜到达白音尔登是一个上午，大舅昭日格图和过继给别人家的二舅江格尔正在旧房子边上搭建刚才说的新房子。江格尔驾驭着全村唯一的胶皮轱辘马车，他时刻用手摩挲竹枝鞭杆上的皮鞭红缨。红缨比玉米穗子更红，像适合松鼠穿的短裙子。新房子还没垒，他们用手指在空气里比画，像瘸子那样拖着一条腿在草地上画线，这都是造屋所需要的动作。旧房子后面有齐腰高的柳条，我们不知道它是河边才长的柳条。我们喜欢从旧屋子水缸旁边一口气跑到对面的沙丘顶上，大概一百米。地势升高，草的绿毯子铺到沙丘前不够用了，露出沙丘的白色肩膀。在沙丘顶上，我们闭紧眼睛，团身往下滚。本想滚回旧房子的水缸边上，睁眼看，房子还在远处，像牛皮纸糊的盒子。

塔娜、我还有昭日格图舅舅的女儿查干参丹、宝若参丹一起玩捉迷藏。宝若参丹穿一件刚能穿进去的绿绸子小褂，短襟在风里飘，跑到哪里都会被人找到。查干参丹故意让她趴在鲜红的倭瓜或金黄的玉米堆边上。宝若参丹三岁，黑得像一个烙铁。我们藏来藏去，藏遍了所有可以藏身的地方——鸡窝后面、羊圈里、筐里、红躺柜底下，盖单子躺被垛上面假装是叠好的被子。塔娜在房后的柳条里发出尖叫——啊！我们以为塔娜被狼叼走了，跑过去看，塔娜掉进小河里，她拎着白底红花的裙摆，一边咽眼泪一边笑。草原上的柳条当中竟然藏着一条河，它满足于自己的小与安静，悄无声息地流淌。

我敬佩塔娜，是她发现了这条河。她凉鞋陷进泥里，回头找出来，用拎凉鞋的手擦眼泪，吓着了。查干参丹和宝若参丹也向塔娜放射敬佩目光，塔娜藏猫猫还敢藏在河里，厉害。这条河一米宽，半尺深，河底的淤泥刚刚吞没脚脖子。河水澄清后，露出与这条河相配的火柴棍似的小鱼。河水好像没流，但草在水里倒向一边，如风中的长发。小河两岸（一米宽的河也有岸）的红柳条在风中交集，挡住河的身影，天上的云彩在柳叶的缝隙里露出窟窿的白，成了棉花套子。我们摘下野花丢进河里，看它们漂多远。塔娜捉到一条鱼，像馅饼一样扁圆。

鱼被塔娜捧着，尾巴轻轻拍打她的手心。昭日格图舅舅说，这个河呢，下了雨，水这么多，不下雨，水也这么多。

多年之后，我又见到了这条河，它一点儿都没老。河还是一米多宽，红柳条在风中交集，河里窜动火柴棍似的土色的小鱼，草在水里漂向西边。河不会老吗？河流原来没有年纪。昭日格图舅舅比他父亲当年还要老，哮喘病让他浑身上下都发出嗞嗞声。当年他一身肉瓜，手持套马杆和烈马厮拼，像鹰一般。我觉得这条小河的记忆储存在我的大脑深处一个冰冻的罐子里，见到小河，记忆的罐子解冻化成水。这只是一条河的记忆，不知有多少往事在脑子里还没有解冻，冻就冻着吧。

南方的河流

南方的河流平缓饱满，小雨像丝网一样漂在河的表面，河把它们运到不下雨的地方。

南方灰白色的河流驮过吃水线很高的运沙船，沉重的船体移动，仿佛时刻在爬坡，河水的表情愈加灰白。谁都能看出河水比船更疲惫。

远眺南方的河流，它如同刚刚解下围裙，拾完柴草、喂过猪、做熟了饭的母亲。疲惫的南方河流，每每驮过货轮和运沙船。

南方河流众多。在多山的南方，河流自古已是道路。马蹄虽未踏过，拥挤的船舶磨白了河流。它们没时间看天，也抓不住河底的水草，唯有沉默流淌。

南方的河流一如蚌壳色的大地悄悄移动，这块地不长稻子和杂草，只有瓦楞似的波纹和船的村落。

船开往天际。南方的天际融化了地平线，仿佛河水在天际走散了，河流成了天际的尾巴。南方的鸟名字叫鸥，叫鹭，长着长长的脚，随着河流游荡。

南方的河流子女众多。多如牛毛的小溪从山里渗透大河。溪水在山里像儿童一样清澈，进入河流就老了。它们过早投身劳作，肩扛货船，手挑鱼虾。溪流进入河流之后开始寡言，它们听不懂彼此的方言，南方的方言比树上的枝杈还多。

南方人在陆地上仗没打够，把仗打到江上，草船借箭，火烧连营。人类脖子两根筋，河流脖子一根筋。河流没办法抬头辨识打仗的人和船头的旌旗。后来听到战鼓息了，呐喊息了，落入水下的箭镞长出绿毛。

河跟鸟兽一样在夜晚休息。南方的河流用月光洗自己的布衫。千里月光洗千里河衣，万里月光洗万里身体。南方河流的手足上全是泥巴，脊背长满老茧。月光倾水，一摇一顿，河流白一点儿又白了一点儿，松开皱纹，而后休息，一梦出了洞庭。

渔舟唱晚唱南方河流之晚。唱歌人头戴斗笠，身披蓑衣。南方的方言音调繁复，融汇了水车、江鸟、猿与山鬼的音调，咿咿呀呀。渔歌更像鱼歌，渊深幽远，如水草漂荡河面。

南方的河流为五谷奉献奶水，南方种两季和三季稻谷，河和河的子孙哺育稻和稻的子孙。稻子开花了，稻田滚过南方河流的浪花。两湖两广的大米里藏着南方江河的气味。白帆其实不白，河水缓缓而流，云母色的南方天空下面只有油菜花鲜明晃眼。

南方多雨的河流培植的竹子吹出玲珑的笛曲，南方多鸟的河流倒映海螺似的青山，南方鱼虾丰盛的河流把村庄哺育成水乡，南方驮着竹筏的河流淘洗白胰的月亮。南方的河流古代叫水，如今叫江。在长江和珠江的出海口，南方的河流汇入大海，我替它们庆幸，它们终于可以歇歇了。

沙漠里的流水

勃隆克沙漠如山丘一般有峰有谷，有沙坡和悬崖，全是沙。站在沙的悬崖上，人可以往下跳，甚至头朝下鱼跃冲下，身体毫发无伤。沙子比人的身体还软，用它的软接住你，缓冲力量，人跳了悬崖之后还是人。人摔在比身体坚硬的物体上，身体迸而物体不迸，人落沙子上是沙迸，人还是完人。仔细看，沙粒实为坚硬的半透明的晶石，不规则的晶石之间的空气与间隙缓解了力。

行走在沙漠的峰峦，像走在鲤鱼的脊背上。沙丘顶峰有一道曲折鲜明的分界线，如同阴阳界。风把沙曲折地堆在顶端，沙子显出金黄的着光面和阴影。站在沙峰上看，左右峰峦线条柔和，没有树，一只鸟飞过，在沙漠上拖下鸡蛋大的阴影。在沙漠待着，耳朵有点儿闷，如飞机落地前那种闷，耳朵不适应太静。在有泉鸟的山里，人感觉寂静，耳底实有泉流和鸟鸣的低回，只是人注意不到。沙漠真是空寂，什么声音都没有，耳朵反而嗡嗡响。静，原本以喧闹为根基。不喧闹耳朵自己闹，它变成自鸣钟。

沙丘的谷底有一条溪流，边上一溜金红色的柳条，流水在柳条的生长路线断断续续露出身影。

沙漠里有流水？这好像是大自然撒的一个谎。走到水边，用手捧起水，清亮，凉，才知道水的真实。沙漠里怎么会存水呢？所有的水不都会在沙漠上迅速漏下去吗？这里怎么会有流水呢？河床用坚硬的淤泥和石头兜住了流水，沙子能吗？我用手掏溪流的底部，仍然是沙子，但坚硬。我觉得不能再掏了，再掏就漏了。

水在沙漠上比金子还贵重。柳条用枝条隐蔽水的身影，如果不遮挡，会有人上这儿偷水吗？这些水以微微颤动代替流淌，一尺多宽，有的地方只剩两指宽。水的底部铺着大沙粒，还有躺直的草。

我顺着河走，踩坍的沙子堵住一些水流，如破坏者。再走，这道水钻进地下没了。怎么会没了呢？我以掌做挖掘机，掏出一堆湿润的沙子，却不见水流。或者说，水流着，一头栽进了地心。它到地心去干什么？好像不符合流水的常态。水惯于在地表流淌，并不会突然失踪。

在谷底走，约走出五十米，水抬头冒出地面。地面又长出零零星星的柳条。宋代有传说：凡有井水处，即能歌柳词。柳乃柳永柳三变。此话在这里可改为：凡有柳条处皆涌流水，水乃沙漠流水地下水。

我觉得它们不是一般的水。对，它们肯定不是平凡的水。庸常之水在这里早漏下去了，怎么可能往前流呢？

我捧水尝尝，还是水味，没尝出河味；再尝，有一点儿柳树的苦味。喝过此水，必也延年矣。可是，刚才断流入地的水，为何会挑头冒上来呢？似乎不受重力定律的约束。对大自然，人不明白的事太多了。

我跟着流水走，又见到惊喜。在一巴掌宽的溪流中，游着两条小鱼，火柴那么长。小鱼像沙子那样黄，半透明，露着骨骼，但没刺。鱼甩一下尾巴动一下，眼睛是两个黑点。除了飞过的那只鸟，小鱼是沙漠里唯一的生物。当然我也是生物，眼睛比鱼眼大，不会飞。我把小鱼团到手心，像个坏人那样想：它长到餐桌上的红烧鱼那么大要多长时间？把鱼放回水里，另一条急忙趋近它，像询问它受伤没有。

沙漠有水流过，像大自然的谎言。大自然偶现诡异，但不撒谎。它让沙漠里有水，有鱼和柳树，这是一个生态系统。再往前走，我见到了壁虎似的蜥蜴。再往前，水面宽了，游着不一样的鱼，水边出现几朵野花，有一只野蜂飞过，一条蜥蜴跳进水里……

铁皮屋顶上的雨

雨的脚步不齐，永远先后落在铁皮屋顶上。铁皮屋顶是我家窗下的一百多米长的自行车棚的棚顶，里面有二十多辆自行车，一半没了鞍座与轱辘。

自行车棚顶上的铁皮涂绿漆，感觉它特招雨，也许云彩下雨正是因为相中了这个铁皮车棚。

听雨声，雨滴的体积不一样，声音就不一样。大雨滴穿着皮靴，小雨滴连袜子都没有，人字形的铁皮上的雨滴打滑梯滑到边缘，变成水溜。

雨滴落在芭蕉叶、茄子叶、石子和鸡窝上的声音不一样。有一年，我在太行山顶峰的下石壕村住过一宿。开门睡觉，雨声响了一夜。我听到从瓦上流进猪食槽里的雨水如撒尿。而雨落在南窗下的豆角叶和北窗下的烟草叶子上的声音完全不同，像两场雨水。豆角叶上的雨声是流行乐队的沙锤，沙啦沙啦莎拉曼，成了背景。烟草叶上的雨滴噗噗响，像手击鼓。或许说，烟草里有尼古丁，雨滴的声音就沉闷？没准儿。再细辨，雨落石板是更加短暂的清脆声，几乎听不到。我听一会儿南窗，听一会儿北窗，忽然想，主人为什么不把豆角和烟草种在一起呢？就为了让人来回跑吗？

从家里的窗户向自行车棚瞭望，雨小而大，缓而急。离铁皮屋顶一尺的地方，雨露出白亮的身影，转而急骤，成了白鞭，一尺多长，落地迸碎。瞧一会儿，觉得这些雨像里屋顶长出来的白箭。这块不知什么年头铺盖、什么年头刷绿油漆的铁皮屋顶清洁鲜艳，像铺好地毯等待贵宾。贵宾是谁呢？是后面更大的雨。小雨的雨柱细小，落在屋顶上，像撒沙子。不常吃六味地黄丸的人的耳朵听不出这么细腻的雨声。雨大之后，什么丸也不必吃了，满耳哗哗。雨滴落在铁皮屋顶上发出金石之音。自行车棚这个共鸣箱太大了，比钢琴大几千倍，比小提琴大一万倍，它本来可以装一千辆自行车但只装了二十多辆，其中一半是没有盗窃价值的废车。里面的好自行车也就值二十元钱，在销赃市场卖十元钱，现被车主用码头用的粗铁链子锁着。豪雨见到这一块发声的屋顶喜不自胜，它们跺脚、蹦高、劈叉。雨没想到它竟可以发出这么大的金属声音。以前下过的雨，下在别处特别是沙漠上的雨全白瞎了，是哑雨。“好雨知时节，当春乃发生。”应该是“发声”吧，古代雕版工是不是把字刻错了？

风吹来，风像扫帚把空中的雨截住甩在地上。铁皮屋顶的响声轻重不一，重的如泼水。泼一桶水，“哗——”

地流下来。自行车棚里的老鼠可能躲在角落里诅咒这场雨。雨在屋顶上没完没了，让酷爱安静的老鼠没法耐受。我想象它们拖着尾巴从东到西，寻找声音小点儿的区域，没有。

我听一会儿雨，忍不住向外面瞧一会儿，铁皮屋顶如此鲜艳，不能比它更鲜艳了。都说计划经济时的中国贫穷，这要看什么事。拿援助阿尔巴尼亚和往我家楼下铁皮屋顶刷油漆这两件事来说，很阔绰。如果“阔绰”这个词不高雅，可改为“放达”。哪个富裕国家往公用自行车棚的铁皮上刷过油漆？没有的，况且里边只有二十多辆车和三十多只老鼠。铁皮值不少钱，制成炉筒子、小撮子能卖多少钱？计划经济并非一无是处，让人在雨中目睹鲜艳的绿和听取不一样的雨声。

如果把铁皮屋顶的雨声收录下来，做成一首歌的背景也蛮好。它是混杂的、无序以及无边际的声音，能听出声源中心的雨声和从远处传来的雨声，层次感依次展开。我考虑，这一段录音可以当作念诵佛经的背景，可以做一小段竹笛独奏的背景。拍电影的话，可以考虑一人拎刀找仇人雪恨，他在鹅卵石路上疾走，人乱发，刀雪亮，铁皮屋顶的雨声表达他复仇的心情有多么急切，七上八下，心律不齐。

雨还在下，天暗下来，绿棚顶变黑。铁皮屋顶上的小雨妖们在继续跳舞。我忽然想听到雹子打到屋顶上是什么音效，飞沙走石，多好。可惜没听过。有一回天下雹子，我在外面，没听到雹子落在铁皮屋顶上的轰鸣，雹子白下了。

雪落在雪里

雪落在雪里，算是回到了故乡。

雪从几百或几千米的空中旋转、飞扬，降落到它一无所知的地方，因为身边有雪，它觉得回到了故乡。

雪本来是水，它的前生与后生都是水。风把它变成了雪，披上盔甲和角翼，在天空慢慢飞行。雪比水蓬松，留不住雨水的悬崖峭壁也挂着毛茸茸的雪花。雪喜欢与松针结伴，那是扎帐篷的好地方，松针让雪变成大朵的棉花。天暖时分，松针上的雪化为冰凌，透明的冰碴里针叶青葱，宛如琉璃。天再暖，冰吝惜地化为水，一滴一滴从松枝流下，流进松树灰红色鱼鳞般的树皮里，与松香汇合。雪落在松树上，极尽享乐。

白狗背上落了雪，白狗回头舔这些白来的雪花，沾一舌头凉水。雪落多了，狗身多了一层毛。白狗觉得这是走运的开始，老天可以为白狗下一场白雪，世上还有什么事不可能发生呢？雪花落在白马身上，使它的黑瞳更像水晶。没有哪匹白马比雪还白，雪在白马背上像撒了盐。雪使白猫流露肮脏的气质，雪让乌鸦啼声嘹亮。

乌鸦站在树桩上看雪，以为雪是大地冒出的气泡，或许要地震。乌鸦受不了在雪地上行走踩空的失落感，它觉得这是欺骗。每一个在雪地上行走的生灵都觉得受到了欺骗，一脚踩一个窟窿，脚印深不可测。

雪填满了树洞，这些树洞张着白色的大嘴，填满雪。灌木戴上白色的绒帽。雪落在河床的卵石上，凹凸不平。石头们——砾石和山岩——盖上了被子，雪堆在它们的鼻尖。雪从树梢划过，树梢眼花缭乱，伸出枝杈却抓不到一片雪。雪习惯于下下停停，雪迟疑，不知是否继续下。雪让乡村的屋脊变得浑圆，草垛变成巨大的刺猬。老天爷下雪比下雨累，道理像打太极拳比做广播体操累。下雨是做操，下雪要用内力，使之不疾而徐、纷纷扬扬。老天不懂野马分鬃、白鹤晾翅根本下不了雪，最多下点儿霜。

雪花死心眼。前面的雪花落在什么地方，它一定追着这片雪也落在哪个地方，或许比前一朵雪花还早一点儿落在了那里。那里有什么？咱们看不出所以然，看不清雪片和雪片的区别在哪里，雪知道雪和雪长得不一样。雪花千片万片穿过窗户，落在窗下。它们争先恐后降落，就是为了落在我的窗前吗？下雪的夜晚，我愿意眺望夜空，希望看到星星，但每次都看不到。雪花遮挡了视线，直接说，大雪让人睁不开眼睛。当然，你可以认为是星星化为雪的碎屑飘落而下，仿佛天空有人拿一把钢锉，锉星星的毛刺，雪花因此飘下来。我在雪霁的次夜观星，见到的星星都变得小了一些，且圆润。我想不能再锉了，再锉咱们就没星星了。星星虽然对咱们没有直接的用途，但毕竟陪伴咱们过了一生，星星使黑而虚无的夜空有了灵性。

雪让夜里有了更多的光，大地仿佛照亮了天空。月光洒下来，雪地把光成倍地反射给月亮，让月亮吃惊。雪地使星星黯然，少了而且远了。如果站在其他星球观望雪后的地球，它通体晶莹，可能比月亮还亮，外星人可以管咱们叫“地亮”。有人借着雪的反光读书，我不清楚能不能看清字，首先他不能是花眼。但雪夜可以看清一只兔子笨拙地奔跑，把雪粉踢到空中。雪在夜里静卧，使它的白更加矜持。这时候，觉出月亮与雪静静对视，彼此目光清凉。

雪让空气清新，雪的身上有千里迢迢的、清冽的气味，这气味仿佛用双手捧住了你的脸。雪的气息如白桦树一样干净。跟雨比，雪的气息更纯洁。人在雪地里咳嗽，是震荡肺腑，让雪的清新进入血液深处。雪的气息比雨更令人富于幻想，好像有什么事情就要发生。是圣诞老人要来了吗？

雪落在雪里。雪和雪挤在一起仰望星空，它们的衣裙窸窣作响。雪的冰翼支起一座小宫殿，宫殿下面还是宫殿。雪轻灵，压不破其他雪的房子。空中，雪伸手抓不到其他的雪，终于在陆地连结为一体。水滴或雨滴没想到风把它们变成雪之后，竟有了宫殿。它们看着自己的衣服不禁惊讶，这是从哪儿来的衣服？银光闪闪。

阳光照过来，上层的雪化为水滴流入下面的宫殿。透过冰翼，雪看到阳光橘红。雪在树枝上融化，湿漉漉的树枝比铁块还黑。雪在屋檐结出冰凌，它们抓着上面冰凌的手，不愿滴下。雪在屋顶看到了山的风景，披雪的山峦矮胖美，覆雪的鸟巢好像大鸟蛋。雪水从屋檐滑下，结成冰凌。冰凌像一排木梳，梳理春风。雪在雪的眼睛里越化越少，它们不知道那些雪去了哪里。雪看到树枝芽苞尖变硬，风从南方吹来。“因为雪，抱回的柴火滴落水珠。”（博纳富瓦语）

雨的灵巧的手

雪是客人，安坐地下枝上。它给麦子盖上一床棉被，甚至给宫殿前的小石狮子戴一顶棉毛帽子，雪到世间来串门。

而雨是世间的伙计，它们忙，它们比钟点工还忙，降落地面就忙着擦洗东西。雨有洁癖，它们看“这个名字叫地球的小星星”（阿赫玛托娃语）太脏了，到处是尘土。雨在阴沉天气里挽起袖子擦一切东西。裂痕斑驳的榆树里藏着尘土，雨用灵巧的小手擦榆树的老皮，擦每一片树叶，包括树叶的锯齿，让榆树像被榆树的妈刚生出来时那么新鲜。不光一棵榆树，雨擦洗了所有的榆树。假如地球上长满了榆树，雨就累坏了，要下十二个月的雨才能把所有的榆树洗成婴儿。

雨把马车擦干净，让马车上驾辕的两根圆木显出花纹，轼板像刚刚安上去的。雨耐心，把车轱辘的大螺丝擦出纹路。马车虽然不像马车它妈新生出来的，但拉新嫁娘去婆家没问题。

雨擦亮了泥土间的小石子。看，小石子也有花纹，青色的、像鸽子蛋似的小石子竟然有褐色的云纹。大自然无一样东西不美。它们降生之初都美，后被尘埃湮没，雨把它们的美交还给它们。雨在擦拭花朵的时候，手格外轻。尽管如此，花朵脸上还是留下委屈的泪。花朵太娇嫩了，况且雨的手有点儿凉。

雨水跑步来到世间，它们怕太阳出来之前还有什么东西没擦干净。阳光如一位检察官，会显露一切污垢。雨去过的地方，为什么还有污垢呢？比如说，雨没把絮鸟窝的细树枝擦干净，鸟还能在这里下蛋吗？——雨的多动症越发强烈，它们下了一遍又一遍。雨后，没有哪一块泥土是干的，它们下了又下，查看前一拨雨走过的每一行脚印。当泥土吐出湿润的呼吸时，雨说这回下透了。

雨不偏私，土地上每一种生灵都需要水分和清洁。谁也不知道在哪里长着一株草，它可能长在沟渠里，长在屋脊上，长在没人经过的废井里。雨走遍大地，找到每株草、每颗石子和沙粒，让它们沐浴并灌溉它们。石子虽然长不出绿叶子，但也需灌溉一下，没准儿能长出两片绿叶，这样的石子分外好看。

雨有多么灵巧的小手，它们擦干净路灯，把柳条编的簸箕洗得如一个工艺品；井台的青石像一块块皮冻；老柳树被雨洗黑了，像黑檀木那么黑，一抱粗的树干抽出嫩绿的细枝。

小鸟对雨水沉默着。虽然鸟的羽毛防水，但它们不愿在雨里飞翔，身子太沉。鸟看到雨水珠从这片叶子上翻身滚到另一片叶子上，觉得很好笑。这么多树叶，你滚得过来吗？就在鸟打个盹的时候，树叶都被洗干净了，络纹清晰。

雨可能惹祸了，它把落叶松落下的松针洗成了褐色，远看不知道这是什么东西。翠绿的松针不让雨洗，它们把雨水导到指尖，变成摇摇欲坠的雨滴。嫌雨多事的还有蜘蛛，它的网上挂满了雨的钻石，但没法果腹。蛛网用不着清扫，蜘蛛认为雨水没文化。

砖房的红砖像刚出炉一样新鲜，砖的孔眼里吸满了水。这间房子如果过一下秤，肯定比原来沉了。牛栏新鲜，被洗过的牛粪露出没消化的草叶子。雨不懂，牛粪也不用擦洗。

雨所做的最可爱的事情是清洗小河，雨降下的水珠还没来得及扩展就被河水冲走了。雨看到雨后的小河不清澈，执意去洗一洗河水，但河水像怕胳肢一样不让雨洗它的身体。河水按住雨的小手，把这些手按到水里，雨伸过来更多的手。灰白的空气里，雨伸过来密密麻麻的小手。

雨落大海

我终于明白，水化为雨是为了投身大海。水有水的愿景，最自由的领地莫过于海。雨落海里，才伸手就有海的千万只手抓住它，一起荡漾。谁说荡漾不是自由？自由正在随波逐流，“应无所住而生其心”。雨在海里见到了无边的兄弟姐妹，它们被称为海水，可以绿、可以蓝、可以灰，夜晚变成半透明的琉璃黑。雨落进海里就开始周游世界的旅程，从不担心干涸。

我在泰国南部皮皮岛潜泳，才知道海底有比陆上更美的景物。红色如盆景的珊瑚遍地都是，白珊瑚像不透明的冰糖。绚丽的热带鱼游来游去，一鱼眼神天真，一鱼唇如梦露。它们幼稚地、梦幻地游动，并不问自己往哪里游，就像鸟飞也不知自己往哪飞。

人到了海底却成了怪物，胳膊腿太长，没有美丽的鳞而只有裤衩，脑袋戴着泳镜和长鼻子呼吸器。可怜的鱼和贝类以为人就长这德行，这真是误会。我巴不得卸下呼吸器给它们展示嘴脸，但不行，还没修炼到那个份上，还得呼吸压缩氧气，还没掌握用鳃分解水里氧气的要领。海底美啊，比九寨沟和西湖都美。假如我有机会当上一个军阀，就把军阀府邸修在海底，找我办事的人要穿潜水服游过来。海里的细砂雪白柔软，海葵像花摇摆，连章鱼也把自己开成了一朵花。

上帝造海底之时分外用心，发挥了美术家全部的匠心。石头、草、贝壳和鱼的色彩都那么鲜明，像鹦鹉满天飞。上帝造人为什么留一手，没让人像鸟和鱼那么漂亮？人，无论黄人、黑人、白人，色调都挺闷，除了眼睛和须发，其余的皮肤都是单色，要靠衣服胡穿乱戴，表示自己不单调。海里一片斑斓，上帝造海底世界的时候，手边的色彩富裕。

雨水跳进海里游泳，它们没有淹死的恐惧。雨水最怕落在黄土高坡，啪，一半蒸发，一半被土吸走，雨就是这么死的，就义。雨在海里见到城墙般的巨浪，它不知道水还可以造出城墙又转瞬垮塌，变成浪的碉堡、浪的山峰。雨点从浪尖往下看，谷底深不可测，雨冲下去依然是水。浪用怀抱兜着所有的水，摔不死也砸不扁。雨在浪里东奔西走，四海为家。

雨在云里遨游时，往下看海如万顷碧玉，它不知那是海，但知道不是树也不是土。雨接近了海，感受到透明的风的拨弄。风把雨混合编队，像撒黄豆一样撒进海里。海的脸溅出一层麻子，被风抚平。海鸥在浪尖叼着鱼飞，涛冲到最高，卷起纷乱的白边。俯瞰海，看不清它的图案。大海没有耐心把一张画画完，画一半就抹去另画，象形的图案转为抽象的图案。雨钻进海里，舒服啊。海水清凉，雨抱着鲸鱼的身体潜入海水最深处，鱼群的腹侧如闪闪的刀光，海草头发飞旋似女巫。往上看，太阳融化了，像蛋黄摊在海的外层，晃晃悠悠。海里不需要视力，不需要躲藏。水是水的枕头和被褥，不怕蒸发，雨水进入大海之后不再想念陆地。

第五辑　它们

这是一张沉醉多年的面孔，
像鸡血石那么红。

公鸡肖像

一张脸，像枣那么大，比枣红。上方悬一只黑眼睛。是的，一只眼。另一只眼睛长在对面的脸上。这是一张沉醉多年的面孔，像鸡血石那么红。如此鲜艳的脸庞，眼睛理应是黑色，是的，公鸡有黑色的眼睛。它的眼睛全是瞳仁，没地方长眼白。眼白对它没什么用，它不需要翻白眼。红与黑构成公鸡的面目，还需要什么？喙。是的，它需要吃东西，吃米或沙粒。在红与黑之外，公鸡长出向下弯曲的、坚硬的、黄色的喙。黄喙配合黑红好看极了，这是德国国旗的颜色组合。红脸上的尖喙，如果不是黄色该是什么颜色呢？绿色？滑稽，吉卜赛人和鹦鹉才这么搭配。紫色、蓝色和灰色都不对，公鸡的黄喙流露正气，也叫阳气。喙的上端像倒扣的船，镶嵌出气的鼻孔，不必专门长一只鼻子。人用鼻子吸气，用嘴吃饭，是两套班子，鸡合而为一。想想也是，如果人的口鼻长成一体也没什么不行，但满口的牙没办法安置，鼻腔盛不下这么多牙。人吃杂食需要牙，人的胃和肠道也需要牙把食物磨碎。鸟类连鼻子带嘴囫囵于喙上，只适合吞咽不嚼的东西。

红黄黑是公鸡面孔的主调，色彩不错，但有点儿秃。公鸡早明白这个，头上早有一顶大红鸡冠子戴着。冠子即帽子，但公鸡的冠子是肉的，一走一哆嗦，神气。从工程学角度说，鸡冠子不管吃不管喝也不管视力与消化。它管文化，文化即无用之物中的用处，装点王侯之气。公鸡仿佛知道自己鸡冠子神气并为此赳赳然。只有鸟类有冠，其他动物都是无冠者，连老虎这么威严的兽王也无冠。人之冠是别人做的，皇冠也是工匠造完扣在皇帝头顶上的。公鸡的冠子为爹娘所赐，戴上了就摘不掉。但冠子常常成为公鸡们互殴的受害物，公鸡掐架之后鲜血淋漓，血来自冠子。公鸡的冠子在上，颌下有肉坠呼应。肉坠亦鲜红，水滴形状，是一对，与鸡喙呈九十度，与鸡冠构成T式结构。公鸡作为艺术品，构图很完美。

公鸡头设计得不错，而它的羽毛更美。如果说鸡头是工笔细绘，鸡的羽毛则是大写意。印染工艺中有一种反光物质染织，如壁纸。公鸡羽毛中也有反光材料，在阳光下流光溢彩，羽毛折射光芒又有各自的色彩，比金鱼更绚丽。公鸡最美的羽毛是颈羽，王羲之当年做鸡毛笔用的就是鸡之颈羽。鸡颈羽短而分层，颜色由浅入深，像胸前挂满了勋章。公鸡发怒时，“勋章”如雨伞一样打开。脖子奓出一圈羽毛的公鸡是可爱的，虽然它在生气。生气的公鸡脸更红，爪子开始发力。奓开的颈羽像给它的脖子套了一个飞碟，仿佛在旋转。生气也是公鸡的本领，它一身的武士气质，如果脾气温顺，就像一个假货了。公鸡更美的羽毛，或曰美的巅峰，是它的尾羽——高高耸立，如流苏一般垂下，这近乎奇迹。它的尾羽翘那么高干吗？超过了头顶。这也属于文化，为了好看。从造型说，公鸡身体是一个倒三角结构，上端又是马鞍形，它的脚像高脚酒杯的脚一样支撑底端，匀称、简洁、有力。公鸡为了让造型显得更美，常把一只脚缩羽毛里，独脚支撑。武术中的“金鸡独立”即由此而来。齐白石说，画公鸡要把它爪子画得抓地。没错，一只脚支撑这么一大堆美术品，一定要抓地。鸡爪子多是黄色，与喙呼应。喙和爪是公鸡的武器，用黄色标出来显得鲜明。

我们看到的公鸡雄姿都是它的侧影。正面看鸡看不出什么名堂。而看人要从正面看，人的两只眼睛都在正面摆着，相貌也在正面。人是前后扁，鸡是左右扁。人没有尾羽这些名堂，侧面太平凡，跟鸡没法比，差远了。公鸡（包括母鸡）走路有趣，脚一伸一缩，像按京剧的板眼行走，一步不多也不少，等候鼓点。鸡原本是飞行物，变成家禽之后才开始走路，走成了这个样子。法兰西人多么懂得美，他们艺术高超、科学昌明、作战也厉害。法国人不崇拜熊，不崇拜熊猫，他们崇拜公鸡。公鸡值得拜一拜，它是美和勇敢的化身。

黑蜜蜂

黑蜜蜂无牵无挂，孤独地飞在山野的灌木上方。一只肚子细长的黑蜜蜂在岩石的壁画前飞旋，白音乌拉山上有许多壁画——古代人用手指头在石上画的图形符号，我觉得像是古埃及人来蒙古高原旅游画的。黑蜜蜂盯着壁画看，壁画上有一人牵着骆驼走的侧影，白颜料画在坚果色的黑石上。黑蜜蜂上下鉴赏，垂下肚子欲蜇白骆驼。古代骆驼你也蜇啊？我说它。黑蜜蜂抻直四片翅膀，像飞机那样飞走。

草原上有许多黑蜜蜂，长翅膀的那种大黑蚂蚁不算在内。盛夏时节，草地散发呛人的香味，仿佛每一株草与野花都发情了。它们呼喊，气味是它们的双脚，跑遍天涯找对象。花开到泛滥的时节，人在草原上行走没法下脚，都是花，踩到哪朵也不好。花开成堆，分不清花瓣生在哪株花上。野蜂飞过来，如里姆斯基-科萨科夫在乐曲里描写的——嗡，嗡，不是鸣叫，而是发出小风扇的旋转声。黑蜜蜂比黄蜜蜂手脚笨，在花朵上盘桓的时间长。我俯身看，把头低到花的高度朝远方看——花海有多么辽阔，简直望不到边啊，这就是蜜蜂的视域。蒙古人不吃蜜，像他们不吃鱼、不吃马肉狗肉、不吃植物的根一样。没有禁忌，他们只吃自己那一份，不泛吃。野蜜蜂的蜜够自己吃了，还可以给花吃一些。蜜蜂是花的使者，它们穿着大马裤的腿在花蕊里横蹚，像赤脚踩葡萄的波尔多酿酒工人。晚上睡觉，蜜蜂的六足很香，它闻来闻去，沉醉睡去。蜜蜂是用脚吃饭的人，跟田径运动员和拉黄包车的人一样。

草原的晨风让女人的头巾向后飘扬，像漂在流水里。轧过青草的勒勒车，木轮子变为绿色。勒勒车高高的轮子驮着窄小的车厢，赶车的人躺在里面睡觉，凭驾车的老牛随便走，随便拉屎撒尿。黑蜜蜂落在赶车人的衣服上，用爪子搓他的衣领，随勒勒车远行去夏营地。月亮照白了夏营地的大河，河水反射颤颤的白光。半夜解手，河水白得更加耀眼，月亮像洋铁皮一样焊在水面。那时候，分不清星星和萤火虫有什么区别，除非萤火虫扑到脸上。星星在远处，到了远处，它躲到更远处。虫鸣在后半夜止歇，大地传来一缕籁音，仿佛是什么声音的回声，却无源头。这也许是星星和星星对话的余音，传到地面已是多少世纪前的事啦，语言已变化，根本听不懂。等咱们搞明白星星或外星人的话，他们传过来的声音又变了。

黑蜜蜂是昆虫界的高加索人，它们身手矫健，在山地谋生。高加索人的黑胡子、黑卷发活脱是山鹰的变种，黑眼睛里藏着另外一个世界的事情。他们彪悍地做一切事情，从擦皮靴到骑马，都像一只鹰。黑蜜蜂并非被人涂了墨汁，也不是蜜蜂界的非裔人，它们是黑蝴蝶的姻亲，蜜蜂里的山鹰。蜂子们，不必有黑黄相间的华丽肚子，不必以金色的绒毛装饰手足。孤单的黑蜜蜂不需要这些，它在山野里闲逛，酿的蜜是蜜里的黑钻石。

一位哈萨克阿肯唱道：

黑蜜蜂落在我的袖子上，
袖子绣了一朵花。
黑蜜蜂落在我的领子上，
领子绣了一朵花。
黑蜜蜂落在我的手指上，
手指留下一滴蜜。
我吮吸这一滴黑蜜，
娶来了白白的姑娘。

晨光在草原的石头缝里寻找黑蜜蜂，人们在它睡觉的地方往往能找到白玉或墨玉。黑蜜蜂站在矢车菊上与风对峙。它金属般的鸣声来自银子的翅膀。图瓦人说，黑蜜蜂的翅膀纹路里写着梵文诗篇，和《江格尔》里唱的一样。

花雀和花斑的鸟蛋

我喜欢的书里有两本鸟类辞典。那本《世界鸟类彩色辞典》据说是记录了全世界的鸟。翻开这本书，我从人世界顺利地进入鸟世界，美而好。我说不好最喜欢哪种鸟。一般说，非洲的、大洋洲的鸟类羽毛绚丽，但读书读不出鸟的啭鸣，也看不到鸟飞的样子，因此我认为它们都好。

鸟的小脑瓜和圆圆的眼睛惹人喜爱，而它们的羽毛令人崇拜。每根羽毛都比瑞士手表精密。你盯着羽毛看久了，觉得小鸟周身披的都是树叶子，脉络从主干分开，向外长，如一棵树。鸟背上的大羽毛是它的大叶子，肚子上还有小圆叶子，一片压着一片。脖子上的一圈小叶子色泽华丽，以公鸡为甚。一只小鸟有这么多毛树叶包着，还不让人崇拜吗？不崇拜鸟，你还想崇拜谁呢？如果你觉着褐色羽毛不像树叶的话，翠鸟的羽毛与树叶几无异矣，而这圆矮的小绿树顶上探出鸟的小脑袋和滴溜乱转的圆眼睛，多么可爱，它从一团树叶里钻出头颅。然而，羽毛比树叶更精致，通风轻质光滑防水。这就是鸟，上帝骄傲的作品。它静立枝头，就足以令人赞叹，好像是一件放在枝头的工艺品，而它，扑喇一下，飞起就没了踪影。这个能耐绝不是一般的工艺品所能具备的。故宫里摆放的那些珍玩——譬如翡翠蝈蝈——也没有扑喇一下飞出屋的。

鸟啊，美丽的鸟——其实我特想写下它们的学名，但记不住，除非照着抄——鸟的学名不像人名那样平易近人，比如刘国瑞啦，王丹丹啦。鸟的名如“杰克黑寡妇雀”，这哪像学名，分明像谩骂。鸟类学家给它起的就这个名字。还有“僧帽燕”，不像名字，也没征求鸟的意见，这些名字取得基本上不成功，所以我记不住。

我喜欢在树林里走，我知道树枝里藏满了小鸟。倘若树叶动一下，即有鸟飞出或飞入，只见叶动，不见鸟影。鸟的鸣唱是树端的合唱的河流。“流”的意思是——小鸟唱歌带出尾音，比如“的卢——”，它把“的”唱完，“卢——”留在树林里。你感觉这个玲珑的“卢”的余音从这棵树串到那棵树上，在流动。有的鸟唱的歌词是“观鱼——”，那么，这个华丽丽的“鱼——”就像飞鱼一样穿过树叶，飞进林边的池塘。

在林里走，小鸟嗖地落到你身边，如有人在暗地里扔过一块石头。它关闭翅膀，针似的小喙在地上啄两下飞走，不知吃没吃到东西，也可能只是走走形式。我曾趴在小鸟飞过的地方仔细观看有什么可吃的东西——草籽、甲虫什么的，但什么也没有啊？在其他地方，我也趴地上观看鸟之食品，什么也没有，只有石子、沙粒、蚂蚁。有一天，一只鸟暴露了它们假装在空无一物的地面上大吃大喝的秘密。这只鸟嗖地飞下来吃东西，嗖地飞走。我看到，它只是以角质的喙在地面左右划了划，像人在水缸沿上钢菜刀一样。这就对了，如果树林里无端地冒出许多米粒，农民还种粮食干吗，农业部改成鸟业部得了。它们只是在大地上划划嘴。嘴馋了，划一划可以解馋。以后，我馋什么东西吃，拿手绢在嘴上擦一擦也算吃过了。

动物园大鸟笼的一根横棍上落着各式各样的鸟，像摆了一趟花，如果不是它们脖子太灵活，远看真像花。现在想，它们就是花（不光是树）。小鸟头顶、冠子、脖子、翅膀、尾巴由各种颜色的羽毛组合成，像花瓣与花蕊的组合，鸟如花。美术是小鸟的强项，人工与造化永远不能比。

小鸟是身披羽毛的花朵，飞来飞去。我愿意当小鸟有一百条理由。有一天我在脑子里把这些理由梳理了一下，去掉二十多条，增加了六条。我想我主要是喜欢俯瞰大地，看人只看到他们头顶的百会穴，看人的脚尖从脑袋下面左一只右一只地蹿出来，这就是人，人在行走。作为高傲的鸟，我无须看到人的脸长什么样。在鸟的眼里，人高矮如一，只见肩膀而无胳膊腿，他们如甲虫。

鸟看到河流像一匹白布那样展开，闪着白光，看到金黄的稻田飞过白色的鹭鸶。鸟看到的山峰并不多，其实没有峰（峰只是山顶的几块石头）。云雾在山脚围成一个环，好像谁吐的烟圈套在山上。鸟从来不说“道路”这个词，它不知道“道路”是什么。上下左右扑喇一下飞就是了，为什么去寻找道路呢？鸟虽然有爪子，也会走一点儿路，但爪子用得很节省。有翅膀的生物谁还走路，谁还奔跑，谁还会在操场上转圈跑步挣钱呢？至于说人穿皮鞋、穿凉鞋，更让鸟笑话。不会飞的种群，费脚啊。

鸟落在树上，替这棵树当一会儿花，飞走，去另一棵树上当花。小鸟选又高又直的树做巢，下蛋孵小鸟。鸟蛋上带着花斑点，褐斑或黑斑。鸟类学家说这是伪装色，我以为不尽如此。我拿一只野鸭蛋左右端详，终于发现它大体上是一个地球的微缩图。上面明显地有澳大利亚、印度尼西亚（比例略大）、中国及中南半岛，但没有日本和海南岛，如果有，就可以卖钱了。母野鸭成心不让人赚钱，故意没在蛋上孕育日本。小鸟从鸟蛋里孵出，张着黄嘴大叫，之后羽丰，在天空飞翔，成为一只美丽的、歌唱的、爱树的、像花的、俯瞰大地的、清洁的鸟。

流浪狗

流浪狗无数次在人群中寻找自己主人的脸，它看到了一万张脸也许更多，其中没有它的主人。人们管它叫流浪狗，它觉得它只是狗而已。流浪是什么？是找不到自己的家，还是找不到自己的主人？它不懂。狗坚信家就在它寻找的路途中，主人是它看到的第一万零一张脸。是的，狗从不怀疑可以找到自己的主人和家。

狗和人一样，每天要做的第一件事是填饱肚子。食物在哪里？食物不在装狗粮的碟子里，食物在路上。流浪狗吃到的残羹冷炙，全要仰仗人。在人类扔掉的垃圾里有狗的食物，这件事不好说，也许有，也许没有。当你看见一只狗在路边的墙根晒太阳时，它可能吃饱了，至少不太饿。如果你看到的狗东奔西跑，连路边的石子也要嗅上一嗅时，它多半快饿昏了。

我不知道流浪狗脑子里想得更多的是寻找主人还是寻找食物，也许一起想。在它脑中挂着一根晾衣绳，上面飘着两件破衣衫，一件叫主人，一件叫食物。它找到的食物虽然肮脏不堪，但可以果腹，而找主人却没这么幸运。它的主人在人的眼光看来也许尊贵，也许不尊贵，却难找。主人不在垃圾箱里，不在路边装碎骨头的塑料袋里，他们在哪里呢？在流浪狗的记忆里，它的家——当然首先是它主人的家——是一间不大的屋子，厨房连着卧室，煤气灶和排油烟机放在朝北的阳台上。冬天，阳台的玻璃挂着厚厚的白霜。晚上，男主人坐在沙发上，边喝啤酒，边看电视。狗趴在他脚下听他谩骂电视里踢足球的人。这家的孩子一边假装写作业，一边玩手机游戏。隔一会儿，传来女主人的谩骂。每到周末，这家人会买来烤鸡架和朝鲜冷面，放在餐桌上，如同圣诞大餐。人嚼不碎的鸡骨头是上帝为狗准备的礼物。上帝没把人的牙齿设计得可以嚼碎一切东西。如果人连橡胶都能嚼得稀烂咽进肚子，老鼠吃什么呢？流浪狗觉得它的家正是被称为天堂的地方，而它的三个主人是三个天使，男主人是天使长。虽然，天使长因为工作辛苦、收入少而常常摔啤酒瓶子，狗认为瓶子是应该碎的，因为它不结实。女主人的头发三十岁就白了，染成红色，她骂人可以连骂一小时，这是指她右手掐腰的时候。如果掐腰的手换一下，可以接着再骂一小时。狗听这些骂声骂语简直入了迷，多么流畅，伴以各种各样的表情手势。狗不明白，男主人和小孩听到她的骂为什么不翩翩起舞呢？难道这家人一言不发才好吗？狗觉得骂声、哭声、笑声和狗叫一样，是活力的表现，是提前预告生活即将出现各种各样难以预料的事。最难预料的事竟然是狗丢了。是人丢了狗，还是狗丢了人？这事太复杂，狗已经想不起来了，好像这是它上辈子的事。

雪下了一天一夜，狗爪子完全陷进了雪里。被大雪伪装的街道好像很整洁，狗知道这是假的，用不了几天，街道就会浸透脏泥汤子。但雪地里见不到什么垃圾。人，加了衣帽看不出谁是谁。人只露出他身体的二十分之一，一点点脸，狗愈发分不清谁是主人。如果没有雪，狗记得在卖熟食的铁皮车下面、在回民熟食的露天柜台下面有一些碎骨头，但雪覆盖了一切，雪真是一个伪君子。狗在雪里吃力地跑，它看到别的狗在雪里的溲迹，那是黄色的洞孔。无论黑狗黄狗，雪地上的狗尿都呈黄色，好像它们喝过啤酒。麻雀也没有食物了。原来，卖粮食的摊床边上的树顶落满了麻雀，人一走，麻雀就落地啄地上撒落的粮食。大雪盖住了这些粮食。狗已经几天没吃东西，除了雪，没有东西可吃。它越来越不打冷，因为胃里没有食物。这只狗跑的时候三条腿落地，另一条被汽车轧瘸了。它跑起来不快。它觉得用不着快，可能就在下一刻，它的主人像上帝一样降临在它面前，蹲下，抱起它。狗用脸在主人衣服上蹭，泪水沾满了主人的脏衣服。

它不知道，它的主人因为它腿瘸，永远遗弃了它。

马群在傍晚飞翔

群马聚到一起飞奔的时候变成了鹰，变成气势汹汹的洪水，幻化为杂色的流云。

马群跑过去，没有什么东西能阻拦它们，四蹄践踏卷起的旋风让大地发抖，震动从远处传过来，如同敲击大地的心脏。大地因为马蹄的敲击找回了古代的记忆，被深雪和鲜血覆盖的大地得到了马群的问候，如同春雷的问候，而后青草茂盛。

原来，我以为马就是马，而马群跑过，我才知它们是大群的鹰从天际贴着地皮飞来。鹰可以不用翅膀而代之以铁铸的四蹄降临草原。马群跑过来，是旋风扫地，是低回在泥土上的鹰群。

马群带来了太多飞舞的东西。马鬃纷飞，仿佛从火炭般的马身上烧起了火苗。马在奔跑中骨骼隆突，肌肉在汗流光亮的皮毛后面窜动。马群上空尘土飞扬，仿佛龙卷风在移动。奔跑的马进入极速时，它们的蹄子好像前伸的枪或铁戟，这就是它们的翅膀。它们贴着地面飞翔，比鸟还快。置身于马群里的单匹马欲罢不能，被裹挟着飞行，长戟的阵列撕裂晨雾。

马群纷飞，它们在那么快的速度中相互穿插、避让，从不冲撞，更没有马在马群中跌倒。鸟群在天空也没有鸟被撞到地上。动物的智慧——动物身体里神经学意义的智慧——比人高明，它们有力量、灵巧，还美。动物不用灯光、道具、服装、化妆和配乐照样创造震慑人心的美。

马群飞过，对人来说不过是几十秒的时间，人几乎什么也看不清楚，它们已经跑远或者说飞走了。

马群去了哪里？以马的力量、马的速度、马的耐力来说，它们好像一直跑到南方的海边才会停下来。我见过埋头吃草的马群，但没见过奔跑的马群是怎样停下来的。是谁让它们停下来？是什么让它们停下来？

马群在草原徜徉吃草，十分安静。马安静的时候，能看清它一下一下眨眼。吃草的马安静，马群在奔跑时如同一片云。云也奔跑，云峥嵘，云甚至发出雷鸣，但云也是安静的，这和马相同。云更多时候穿着阿拉伯式的丝制长衫在天边漫步，悠然禅意，与吃草的马群相同。

草原辽阔，晴空如澄明的玻璃盅扣在长满鲜花的青草盘子上，它叫作大地，又叫草原。羊群、牛群和马群虽然成群，在草原上也只是星散的点缀。马低头吃草，好像闻到了自己蹄子上的草香，风吹开马颈上的鬃毛。马的安静不妨碍它飞奔，马的雄心在天边。

在草原，每天都见到几次马群的飞翔，它们从山冈飞到河边。恍惚间，它们好像从白云边上飞过来，要飞越西拉木伦河。它们可能被《嘎达梅林》的歌词感动了："南方飞来的小鸿雁啊，不落长江不呀不起飞……"马群要变成鸿雁，排成阵在天空飞翔，它们渴望从高空俯瞰大地。马想知道大地是什么，为什么生长青草和鲜花，为什么流过河水，为什么跑不到尽头。

马站在山坡上吃草，马群飞翔。它们背上的积雪融化了，马的眼睛张大在雪幕里。马群在傍晚飞翔，掠走了夕阳。它们最后总是停在河岸，鸟群也如此。它们并未饮水，而是瞭望天地间的苍茫。

蜜的秘密

我们在花里看到的是花瓣，是美人意态和飘零。蜜蜂在花里看到了蜜。

蜜在哪里?

娇嫩的花蕊生在花的中心，像蛇芯子、像微型豆芽、像海洋生物的手足。哪里有蜜?花蕊的冠上有一点点花粉，这是蜜源。世上所有的蜜都来自如此稀少的花粉，蜜蜂把它们酿成蜜。

人在世上浑浑噩噩几十年，不明白的事情太多了。比如曾经吃过蜜，却说不清什么是蜜。

蜜何止于甜?它是成分复杂的能量，也是生物体。蜜纯净如琥珀。我宁愿把琥珀看作是远古蜂蜜的结晶，我希望它是蜜的化石。切成一个戒指面戴在手上，蜜抱着手指睡觉，手隔着银子甜。

蜜的汉语发音轻柔甜美，吵架时用不上这个词。“你蜜”，听上去不狠。

蜜是世间最神秘的东西之一，它不同于纯朴的粮食，要去壳碾轧，要煮熟果腹。蜜从蜜蜂（嘴里、肚子里，哪里不清楚）那里到人口中，融化了一个甜的秘密。它和舌头如同情人一般相遇并相爱，缠绵不已。蜜在前生前世就知道人想蜜，知道舌爱蜜，最神奇的是蜜蜂知道蜜在哪里。只有蜜蜂知道花里有蜜。

花多干净。我们以为花仅仅负责人间的美，人把花的图案印在布上，雕成花放在房檐上，故宫影壁墙上刻着琉璃的荷花。花迎风摇摆，一如有情。花临水揽照，一如幽怨。花不语，人却从花容里分明看出了笑容。而花竟是蜜蜂的粮仓。蜂没吃掉花、没嚼碎花却采到了蜜，蜂从美里找到了粮食。

对人来说，蜂蜜提供热量、愈合创面、止痒、解毒、甜。对蜂来说，所谓蜜是它一生的事业和负累。除了采蜜，蜜蜂什么也不会干，不会打猎，不会吃草。可是，会采蜜的生物什么也不需要干了，采蜜已近于天使，无须会其他技能。

在蜜蜂面前，我每每自惭形秽，我会的手艺虽多，肚子里却没有一滴蜜。我也没见过其他肚子里有蜜的人。所谓甜言蜜语都是干坏事之前的铺垫，肚子里也没蜜。即使蜜蜂像法国地铁工人一样罢工，不再酿蜜，它的形态也令人敬重。金黄色带黑条纹的肚子有一些豹的不羁，又生出透明的翅膀，上有河流般的网格。翅膀是蜜蜂的代步工具。它如此辛劳，上帝让它再辛劳一些，给它安了对翅膀。众所周知，长翅膀的生物没有哪个懒惰，不停地飞啊飞。人的懒，原因之一是没翅膀。人若插翅，会加速户籍制度的灭亡，不亡也无用，人已飞了。海关的设立，边检站的设立，护照、飞机、汽车乃至婚姻制度的存在，皆因人无翅膀。有翅之人还坐什么飞机？办什么护照？结什么婚？打一圈麻将的时光，人已飞出好几个县，就算胖人，也飞出好几个村子了。借别人钱的人，永远不用还，一飞了之。人长了翅膀，无须买房，谁家房子好，上他家房檐住去。唯人心念太多太杂，上帝不让人长翅膀，让人膜拜车和房，让他们认为刘翔跑得很快。

蜜蜂像手脚沾着面粉的女人，沾的却是花粉。它们说不出话，用翅膀代替嗓子，“嗡——”蜜蜂一辈子只发这一个音：嗡。别人以为它还接着发——嘛、呢、叭、咪、吽。蜜蜂止语，只嗡，嗡的意思是热闹，热热闹闹，办采蜜这么大一件事，不可能一点儿声音都没有。蜜蜂带着它的花肚子，藏着它的暗刺，翅膀扇出人之视网膜识别不出的频率，在花丛蹀躞徘徊。

人在槐花里待一天能让香味熏死，蜜蜂却清醒。那些枣花、荞麦花、苹果花、黑莓的花，是蜜蜂一生的工作车间。它在花里度过匆匆忙忙的一生，它知道花瓣的质地、花蕊的弹力、露水的深度，它手脚并用搬回来蜜。蜜蜂用太阳光照的夹角计算自己的路程，它从带白茸的叶子上听到植物的呼吸。

蜜的秘密无人知晓，人们吃掉蜜忘记蜜的味道。除了吃喝玩乐，人会忘记一切。蜜蜂在劳动中、飞翔中、睡梦中忘不了蜜，它把蜜安放在蜜的位置。它继续飞，风告诉它花的位置，太阳与它复眼的夹角告诉它返程的路线，蜜蜂嗡遍了天涯海角。

资讯说，农药，特别是除草剂，已让蜜蜂越来越少，蜂类无法抵御化学制剂的杀伤力。资讯说，移动电话的基站让蜜蜂的导航系统失灵，蜜蜂找不到回家的路而死在尘土里。

人说，蜜蜂死了，人就吃不到蜂蜜了。实际上，现在没几个人吃过真正的蜂蜜。蜜蜂并不为让人吃到蜂蜜而活着，正如它们没想到会因为农药和移动电话基站而死。连续三年，我家门口小花园的蜜蜂一年比一年少，世间将失去这样一种美丽的、无害的、会制造甜蜜的小精灵了。孩子们将在课本里像认知恐龙一样认知蜜蜂，好像它是三国人物。

男孩女孩的燕子

纳博科夫说自己的小说《礼物》中有两个人物："一个男孩，一个女孩。他们站在桥上，夕阳落在水里，低飞的燕子越过桥头。男孩转身对女孩说：告诉我，你会记住那只燕子吗？不是随便什么燕子，不是那儿所有的燕子，而是刚刚飞过那只。女孩说：当然，我会永远记住它。"

是的，是刚刚飞过桥头的那只燕子。它飞远了，肚子几乎贴在河水上，仰头飞向天空。他们也许再也见不到这只燕子了，也许见得到，那是以后的事。

为失去那只燕子惆怅，比为失去一个面包更值得。人说眼泪是珍惜的液体。事后算一下，人的大部分泪水是为不值得的事情而流，流出便收不回来，不如为燕子洒下一滴泪。泪水洒在青草里，燕子的身影还在河边徘徊。青草雪白的根须尝到泪水里的盐，它们第一次遇到咸的水，吮到人间的惆怅。燕子再度飞回来，在空气中优美地画出弧线，但这已经不是刚才那只燕子。

燕子没有名字，就算有名字也不会在呼唤中飞回来。

它急于访问的地方太多。柳枝等着它，石柱子花的红头巾在河边飘舞。燕子想数一数河水的涟漪，山丁子从树上掉下来，河上扩充一片涟漪，冒出五个或六个圆圈，燕子一直没数清楚。金盏花开了半坡，像晾晒无边的唐卡，野蜂用翅膀模糊了花蕊的模样。

人生所有的经历都可用“错过”二字来定义。人错过了多少春天？不是所有的春天，是刚刚逝去的那个春天。连春天都错过了，还有什么没错过吗？错过的不仅是柳枝的苞芽，还有春夜和草芽拱翻石子的声音，错过幼雏对母鸟的呼唤，错过从花瓣滑落土里的那颗露水，露水钻入泥土同样永不再来。一切于刹那中寂灭，再来的已经不是他与它。

纳博科夫的男孩为什么让女孩记住那只燕子呢？她说已经记住了。人怎么能记得住一只飞鸟？这是怎样的记忆力？就像去记忆河里的一朵浪花、记住天上的一朵云。男孩和女孩所知道的事情别人不知道，燕子也许知道也许不知道，但飞远了。燕子飞到河的对岸，见到新的城堡。男孩和女孩来到森林里，采浆果和蘑菇。他们谈笑，拉着手往前走。如果一直走下去，会走到大海边上。一个地方无论离大海多远，它的边界一定是海，不管叫什么海。但没人从内地步行走到海边，海一直在寂寞，以浪柱雕塑大树和树叶。后来，男孩与女孩分手。春天，他们见到了新的燕子，和那只燕子一模一样。是的，所有的燕子都一模一样，就像所有的夜晚都一样、所有的杏花都一样。人在一模一样的时光里换了相貌。对大多数人来说，知道世上有燕子，但没留意过燕子。他们知道燕子是一种鸟，知道这是纸上的两个字，叫“燕子”。

燕子在纳博科夫的男孩和女孩的时间里飞行，在城里见到了新的男孩和女孩，以为他们进城了。燕子不知道他们并不是“他们”，燕子没时间辨析这些事，繁密的树叶等它穿越。它要去教堂院子里啄粉红色的胖虫子，燕子还没吃饱，天已晚了，它急着捉虫填饱肚子。雨云低垂，燕子越飞越低。街道的长椅上坐着老年人，他们紧握手杖，仿佛那是金手杖。老先生和老妇人动也不动，成了长椅的一部分。燕子以为他们在等待自己表演，它在空气中画出优美的弧线之后飞走，留给他们去回味。行人匆匆走过，老人的眼睛看着远处，远方还有燕子，但他们眼睛昏花了，看不到。

蚯　蚓

蚯蚓多么温和，一生待在土里蠕动。它一辈子走过的路程也超不过一百米，大地是蚯蚓的家。土，说起来是坚硬的东西，用铁锹挖一锹土，土上带着切痕。但蚯蚓能在土里行走，这又算一个柔软胜刚强的例子。有人说蚯蚓食土为生，如果这样就太好了，它永远不愁吃的东西。土虽多，蚯蚓却不见长胖，它懂得节制。或者，土吃起来很慢，蚯蚓沙沙地咀嚼，一天吃不了多少就饱了。

蚯蚓身体粉红，跟人的肉色接近。它的身体干净。这样的身体表明土地原本不脏，即使吃土也可以长出人肉的颜色。而人需要吃粮食和肉才长出人色。光吃菜，人脸偏绿，人身上的血红细胞减少，转为血绿细胞，接近于螳螂的气色。20 世纪 60 年代初，满街都是这种颜色的人，走路东倒西歪。

我见到蚯蚓先想到蛇。蚯蚓跟蛇有多少亲缘关系？它们相似但蚯蚓比蛇少一层皮。蛇皮，中药称蛇蜕，它是蛇的盔甲，而蚯蚓没有。上帝为什么不让蚯蚓长一层甲虫的甲呢？蚯蚓一定在什么地方得罪了上帝。它藏在地里不出头也可能是怕被上帝发现。上帝惩罚谁，一般用两种方法，一是让它基因缺陷，二是让它干一些自不量力的事。然而基因有缺陷的生物大都本分，譬如羊不想吃狼肉并且远离狼。人的神经系统不敌毒品，这是基因缺陷，但有人尝试吸毒挡都挡不住。

蚯蚓没见过蛇，蛇只是一个传说。蚯蚓觉得下辈子变成蛇也不迟。这辈子做一个安分守己的蚯蚓已经够好。它的天敌，比如鹰或鸡，轻易吃不到蚯蚓。泥土的堡垒让蚯蚓十分安全，而蚯蚓也没想出去抓鸡或吃人。蚯蚓吃土的口感好像吃饼干，沙沙响。蚯蚓觅食无须像牛羊那样翻过一个又一个山坡，它抬头就有吃的，食品同时是被子、褥子，还是房子和床，总称土。蚯蚓喜欢土地的黑暗，静谧安详。土用臂膀护住蚯蚓，因为它没盔甲。蚯蚓偶尔也到地面上走一走，它觉得没什么意思，一来阳光晃眼，二来道路不平。蚯蚓在地面辗转不安，不如回到土里舒服。蚯蚓学不会蛇的灵巧。蛇哆嗦一下钻进草丛，再哆嗦一下钻进石缝。蚯蚓觉得蛇如果不吃药根本做不出这样的动作，这类似于麻痹震颤症。

有人听过蚯蚓的歌声，在雨后。说蚯蚓的歌声细弱如丝，像吹一片树叶子。蚯蚓唱歌做什么？雨浇湿了泥土，也浇湿了蚯蚓的身体。它听到沙沙的声响并非口腔咀嚼而来自雨，不禁惊呆，仿佛雨在吃土。每一片草叶都对雨滴做出回音，蚯蚓终于在沉默的大地听到了歌声，随之合唱。

不知道蚯蚓怎样在泥土里寻找自己的同伴。它生来孤独，如果有一天听到隔壁泥土松动，那一定是客人来访。两只蚯蚓缠到一起拥抱，有说不完的话，话题是土。蚯蚓想不出离开土还能说什么话。除了土，蚯蚓还谈到雨和庄稼的根须。蚯蚓在地下跟草和庄稼的根须握手，它们洁白的根须散发甜味。对蚯蚓来说，穿过这些根须相当于穿越森林。如果进入一片玉米地，蚯蚓毕其一生也走不出这片地下的森林。土里还有什么？蚯蚓见到最多的是蚂蚁。蚂蚁其实很凶恶，孤零零的爪子长在机器似的身躯上，头颅似乎没有一点儿理智。蚂蚁贪财，搬运一切东西。

蚯蚓走路离不开扭捏。其实它只会掘土，并没有学过走路。它不知学会走路有什么用处，蚯蚓哪儿也不想去。大地温暖安全，适合于一切爱睡眠的生物，其中有蚯蚓这样连皮都没有的、露出赤裸鲜肉的温和生物。

水是鱼的大地和天空

鱼并不知道这个世界上还有山峰和草地，它们更不知道什么叫楼房和道路。假如跟鱼说世上的情形，它会觉得那是远古的事情，不可信。

鱼不知道什么叫空气。如果它暴露在空气中，觉得到空气可怕，跟窒息是一回事。

鱼毕生所知只有水。较真说，鱼并不知道水的存在。对鱼来说水并不存在，好像人类察觉不出空气的存在。

水是从鱼身边流过去的那些东西。到底是什么东西，鱼也说不清。水是鱼的山峰与草地。鱼卵孵化成小鱼就开始游动，没在大鱼身上吃过奶。水早把小鱼跟父母冲散，从此，它的父母是水。水是鱼的衣服，是鱼的树林、天空和大地。水吸收了天空的光线，变为翠绿。我小时候在红山水库游泳，在水下尽量睁大眼睛看周围，眼睛其实只睁开一道小缝——水体绿无边际，像无边的玻璃瓶子堆在一起，只见得到一米左右的东西，看不清远方。不知道早上的霞光照进水里，鱼看了什么感受。（我应该坐车再去一趟红山水库，日出时潜水看看水里是什么样子）霞光照在水上，像千万条金蛇拍打尾巴，想钻进水里却钻不进去。并不是什么东西都能钻进水里。风吹不进水里，火不能在水里燃烧，人能进水是偏得了。霞光像红菜汤洒了，在水面扩展。霞光的金红被水浪一波一波推到岸上，水用不了这么多金红，送给土地。从水里仰望天空，红彤彤的太阳如烧红的铁球在岸边滚动，仿佛要滚进水里。水皮红得像钢水。鱼看到，太阳的红只在光芒里，它本身如一个蛋黄。看一会儿，蛋黄变为炽白。太阳表面没有山峦的阴影，更没有玉兔和吴刚。

鱼逆流而游。如果鱼讨巧，搭顺风车，顺流游动，那么，世界上早没有鱼这种物种了。水流是鱼的砧板，是铁锤，无情地锻造鱼的筋骨。鱼像顶风奔跑的马拉松运动员，到后来他只会顶风奔跑。那些顺流而游的鱼被冲到岸边，被摔在石头上死掉了。

我喜欢小鱼甚于大鱼。我看路边有人卖罐头瓶里的小鱼。那些鱼从头到尾只有瓜子皮那么大，精巧活泼地游，仿佛小小的罐头瓶是一个偌大的池塘。它们昂首游到上面，再悠然潜下，自由，非常自由。小鱼半透明，虽然我还说不上它们的名字。它们的身躯里面显露出一根脊椎，能看出医学所说的第一胸椎、第二胸椎、第三胸椎，以及第一腰椎和最末腰椎。这多好，看它就像看到它的 CT。它的肉——它好像没有肉——也半透明，略微有一点儿肠子。小鱼不多吃，太多肠子没用处。它们游着，比人游泳容易。八段锦有一式曰摇头摆尾，鱼摇摇头，摆摆尾就往前走，简洁，没多余动作。卖鱼人看我入迷，拿出另一个瓶子，里边的小鱼更小，只有芝麻大，也看得清脊椎和更小的黑点——肠子。这些芝麻鱼的泳姿是蹦，一蹦一厘米高，这是很大的力量啊。水的阻力大，人在水里能凭空蹦出自己身高三倍的高度吗？反正我不能。

20 世纪 70 年代初，我家下放到红山水库边上的昭乌达盟五七干校，那段时光真是好啊。乡村大道上，常见人拎着鱼走路。有人一手拎一条鱼，老远就看得清两条鱼在人手下银光闪闪。有人背一条鱼，手扣鱼鳃，也是银光闪闪。有一天晚上，我和干校的大人在一个地方堵鱼。夜黑，无月无风，一帮人在水深处往岸边拉挂网，把鱼撵到岸边。这地方是水库泄洪处，鱼多。他们在齐腰深的水里形成半圆，黑黝黝地看不清脸。我们在岸边拣鱼，把水里的鱼抱出来。笑话——这是我替鱼说的话——人在水里根本抓不住鱼，宋词词牌《摸鱼儿》简直是胡说。鱼鳞外边有一层黏液，比油还滑。鱼在水里有劲，扑棱一下跑了。七八斤的大鱼在水里能把人打倒。鱼像老虎一样用尾巴打人。结果，我们没抓到什么鱼，鱼不愿出水。岸上的老百姓乐坏了，五七战士办蠢事让他们很开心。在浅滩抓鱼要用抄网，五七战士没听说过世上还有抄网。

鱼一辈子都在游，洄游溯流。水是鱼的天空，它们像鸟那样在水里飞，翅膀是短短的鳍。鱼像柳树的树叶，在河里海里簌簌飘飞。

羊群回家

羊群从山坡下来，一只挨一只往家走。看到匆忙的羊群，我觉着羊比人更爱家。

羊的家有什么？它们家连墙都没有，只有木栏，所有者一地羊粪。黑枣似的羊粪是它们的地毯。一个牧民说，把烟叶吊在羊圈上方，熏出来的烟叶味道非常好。人真是无所不用其极，又骚又硬的羊粪都可化为美味。

羊群低头往家跑，像逃离身后苍茫的暮色。没有雨的夏季，傍晚每每升浮火烧云，草地由金变黑，水泡子反射夺目的亮光。火烧云把天际烧得干干净净，如橙色的大湖。山峰只留下剪影，最后被夜色融化。

羊会想家吗？它们在山后的牧场待了一天就想家了？羊群想念牧人孤零零的土房，洋井边上伸出一排饮羊的铁皮槽子。掌灯之后，牧人的房子像一个灯笼，灯笼里有一家人的脑瓜晃来晃去如驴皮影。燕子迟迟不愿归巢，在空气中滑翔着展览自己的白肚皮。

羊圈在房子边上，羊一只接一只入栏，占一个最小的地方。羊的脊背起伏，如羊毛的波浪。波浪裹着羊的小窄脸和尖耳朵。

看到羊群，我才感觉回到牧区。人们称之为草原的地方，我们叫牧区，它是蒙古人生活的地方。这里的马、牛、羊和骆驼是人的生活资料。至于草是碧绿还是翠绿都不打紧，早晚都会被牛羊吃掉。吃不掉的草在秋天枯干，化为大地的肥料。

我相信羊群时时都在想家，想房子、洋井、门前的马和梁上的燕子。牧区的燕子在牧民屋里做巢，每一次归巢都是炫技表演。如果是我，以这么快的速度飞进屋，非在墙上撞晕不可。燕子爱闻奶茶味，爱闻新鲜的奶豆腐味。燕子在杨木檩子的巢里伸出小脑瓜看女主人切菜、做饭，看狗坐地上仰望它的主人。燕子看一会儿嗖地飞出去，再看天空上车轮似的云朵滚到了什么地方。

羊和燕子一样爱这个家，它们飞不到梁上，只好跑步进圈。羊一生都在小步奔跑，它的“咩——”是叹息自己跑得太慢。羊站立时如沉思，孤零零的头从一堆羊毛里钻出来。它漂亮的弯角如耳环挂在头的两侧。羊在想什么？它眼睑微合，像下一分钟就会睡去，做羊的梦。早上，羊踩着露水去远处的草场吃草。早上的云朵还藏在山后，山后似乎有大鼓风机给云吹气，云膨胀得越来越大，一些云被吹成灰色，它们的体积足够大了便开始泅渡天空。中午时分，云彩一朵一朵地悬在牧人的屋顶上，大小薄厚都合适。羊上了山坡就吃草，一直吃到天黑。

羊觉得不抓紧吃眼前的草可能会逃走。远看，羊群如挂在山坡上晾晒的白毯子。过一会儿看，毯子又换了地方。晚上，毯子往家里移动。草原的灌木挂住一些羊毛绺，在夕阳里飞。

羊群才是牧人真实的家，牧人的财富全出在羊身上。牧羊人身穿破大衣（草原的早上很冷），天天和羊在一起。我姐夫满特嘎给村里四户人家放二百多只羊，每天走五十多公里。他不止一次跟我说，希望世上有一双铁鞋——他穿碎许多双鞋，他心疼这些鞋。当城里人为减肥而苦恼时，我低头看这些胖子们的鞋。鞋这么好，肥怎么能减呢?

假如牧羊人的儿子、孙子、曾孙子以后都是牧羊人，许多代之后，他们将失去语言功能。他们的嘴与喉咙只能吃饭喝水，不再说话。满特嘎好多年不说话了，跟羊群在一起，看河流和风中的草地，无人对话。他回到家对我姐阿拉它笑一笑，他不打算说话了。满特嘎笨拙地对我说，他发现说话没有用。“真的，”他说，“一点儿用处都没有。”六十多岁的满特嘎表情集合了大自然的宁静。他和身边的羊群一直在走动，或山冈，或凹地，羊的咩声此起彼伏。满特嘎微笑着，像能听懂羊的话。

字在纸上长成青草

原　野

我一直在稿纸上写作，爱用每页三百字或三百六十字的稿纸，面对稿纸上密密麻麻的方格子，感觉很新奇。字写满一张纸后，我感觉这页纸活了，好像她在森林里睡了几十年的觉，这些字在她脸上爬，由于发痒而醒过来。

我相信字有灵，林、春、水、天、地这些字与它们包含的内容有关联。“天”这个字比你更了解天，“春”这个字也比你了解春，而“舂”所知道的事情只跟米有关。虽然长得相像，春和舂之间并无血缘。

这些字在稿纸上相遇，互道你好，问你从哪里来，你来这里多久了。我已经看到它们彬彬有礼，所以我尽量把字写得好看些，让它们见面时能够互相欣赏。字之貌，不一定长得都像王羲之、赵孟頫，像人不必都像电影明星。我喜欢露水、月亮、鲜花、虫子、鸟和鱼这些汉字，写到它们就想到它们，后来我干脆以它们为创作内容，这样就有机会多写到它们。如果没内容，在稿纸上写一百个“春”字很像精神病。

我觉得我写的字也愿意被我写出来，它们像外边的人来到有林木阴凉的花园逛一逛。从书法说，我的字好也好不到哪里，但不生硬，不凌厉，不义正词严，比较内敛。这样，字和字相处起来比较舒服一点儿。那些气势凌人的字搞在一块儿肯定要打起来。有人喜欢以霸气的字体写什么“豪气”啊，“拼搏”啊，听着都吓人，把这些字放一起早晚出人命或字命。

我喜欢写天空、大地、河流、草木。路在青草的山坡转弯，竹林里的小鸟如喉咙里含了露水一样啼鸣，星星趴在银河的堑壕里朝这边看，潭底的游鱼尾巴甩一下才不至于让人误以为它们是黑色的石头。我觉得这些事都是大事，正如有些人认为这不算事。我认真地办这些事，书写大自然，这是多大的事啊！粉色小虫子从树叶上爬过；草原上的星星好像会在后半夜发出蒙古栎树的气味；猫从灌木里蹿出并回头看，它肯定没干什么好事；红瓦因为吸足了雨水而鲜艳；牵牛花像留声机喇叭，感觉它听到莫扎特的音乐脸会发烫。我慢慢写下这些情景，虽然别人觉得这是一些小得不能再小的事，但我一写就感觉自己是一个办大事的人。有时路过商店的玻璃橱窗，稍微看一下自己的身影，有点儿像办大事的人。

这些字曲曲弯弯地在稿纸上爬行，如同蚂蚁的行军队伍。作家不就是蚂蚁吗？每天奔波，搬面包屑做明天的粮食。即使有的作家自感气势干云，他也不过是文章蚂蚁。一个人如果真的气势干云（干树梢已不错了）就不会去写作，而去别国侵略了。字被写好之后，它们会在黑夜里串门，黑墨水写的字在夜里活动不容易被发现。它们像蚂蚁一样爬到别的稿纸或别的文章里看一看、嗅一嗅，挑挑毛病。字变成蚂蚁之后，每个字都像“兆”字，有些像“究”字，这是字里的大干部，头戴珊瑚顶子的冠冕。想到这个事，我心里很高兴，虽无高官厚禄，但有文字蚂蚁，它们代表着星空、青草和牛羊。我的书桌可称“蚂蚁窝”，简称“蚁窝”。但不可称“蚂窝”，好像我跟蚂蟥有什么默契。

如果你观察过脚下的青草，会发现一株草长一个样，草叶的长短、俯仰都不一样，如中国画兰草的撇与捺。草——好听点儿叫青草，世俗点儿叫杂草——从脚下长到天涯，有山它们能翻山，有河它们过不了河。它们无边无际，没完没了，不怕烧不怕踩更不怕风吹日晒，这是一些卑微的生灵。我之作文虽写天空大地，却没因此得到高度和厚度，我只是写大自然。我写它们是喜欢并尊敬它们，它们不会赏给我钱，因为它们不是企业也不需要广告。大自然是卑微的，它们只用自己那一小份——无论是树是草，它们安静，比人更有理性。中国古代哲学家把自然界呈现的理性称之为道，人无论如何也得不到道的。而动植物无一不得道，否则一天也活不了。道是本分、节制、无妄想乃至一切杂念，唯其卑下微小，而得广大充盈。我的字或者叫文章内容，也可归于卑微质朴之类，像地上的杂草。如果真像杂草倒好了，随时随地可生，也没人去挖去买去熬汤，去扮演残疾的盆景。曾有人质问我，你怎么写得没完没了？我不理解他这问话的含意。难道我不应该写散文而该卖拉面吗？是不是打麻将更符合中国人的人性？然而我不打。要打也打坐、打太极拳。青草不是每年春天都出来吗？它们不会延迟也不会早到。青草遍地，你看上去多，其实它们不多也不少，只有那么多。就像蚂蚁看上去多，其实也只有那么多。世上不光有青草，还有高大的乔木；不光有蚂蚁，还有大象。让蚂蚁和大象各得其乐吧！

图书在版编目（CIP）数据

更多的光线来自黄昏／鲍尔吉·原野著．—大连：大连出版社，2015.11
（“字码头”读库．辽宁舰）
ISBN 978-7-5505-0984-9

Ⅰ.①更…　Ⅱ.①鲍…　Ⅲ.①散文集－中国－当代
Ⅳ.①I267

中国版本图书馆CIP数据核字(2015)第220040号

更多的光线来自黄昏
GENGDUO DE GUANGXIAN LAIZI HUANGHUN

出 版 人：刘明辉
策划编辑：刘明辉　李　岩　张　波
责任编辑：张　波　杨　钟
封面设计：林　洋
版式设计：张　波
封面绘图：孔昭平
责任校对：金　琦
责任印制：阎　骋

出版发行者：大连出版社
地址：大连市西岗区长白街10号
邮编：116011
电话：0411-83620442　0411-83620941
传真：0411-83610391
网址：http://www.dlmpm.com
E-mail：dlszhangbo@163.com
印 刷 者：大连图腾彩色印刷有限公司
经 销 者：各地新华书店

幅面尺寸：130 mm×195 mm
印　　张：11
字　　数：214千字
出版时间：2015年11月第1版
印刷时间：2015年11月第1次印刷
书　　号：ISBN 978-7-5505-0984-9
定　　价：29.00元